Guilt | Pleasure, TogaQ, Kichiku Neko & Suzume

New York Minute

In these words Prequel

Short Storys

Vorwort

Um die Hauptgeschichte von *In these words* hat sich inzwischen ein ganzes Universum von Manga und Novels entwickelt, die die Vergangenheit der Hauptfiguren Katsuya Asano und Kenji Shinohara beleuchten und ihren Charakteren Tiefe verleihen. Und natürlich treten dabei auch faszinierende neue Figuren auf den Plan, die wiederum selbst mit ihren spannenden Hintergrundgeschichten eigene Bücher füllen.

Nachdem *Maybe someday* sich bereits mit der Vergangenheit von Kenji Shinohara auseinandergesetzt hat, befassen sich die Kurzgeschichten in diesem Band mit der frühen Karriere von Katsuya Asano. Während seiner Zeit beim New York Police Department begegnet er dem charmanten Mordermittler David Krause, der auch in zukünftigen Geschichten wieder in Erscheinung treten wird.

Der Band ist chronologisch aufgebaut und umfasst eine Zeitspanne von etwa einem Jahr. Die ersten drei Geschichten hängen zusammen und werden durch den Einzelband *Father Figure* ergänzt.

Aber genug der Vorrede – viel Spaß beim Lesen!

Inhalt

Prey

»Ist das der Neue?«

David blickte von seiner Kaffeetasse auf. Ein ordentlich gebügelter Anzug und ein schwarzer Haarschopf schlüpften an der Tür zur Küche vorbei, in der David und Richards standen. Er versuchte, sich an den Namen zu erinnern: Doktor Katsuya Asano. »Ja.« Er schüttete ein Päckchen Zucker in die schwarzen Tiefen seiner Tasse. »Heute ist sein erster Tag. Ein vom Staat bezahlter Seelenklempner.«

»Und des Krieges Hund' entfesseln«, murmelte Richards an Davids Schulter, während eine Handvoll Leute aus der Vermisstenstelle hinter dem Doktor in den angrenzenden Pausenraum strömten und den Flur mit ihren Unterhaltungen und ihrem Lachen erfüllten. Der jüngere Detective mit den rotblonden Haaren, die permanent einen Haarschnitt nötig zu haben schienen, spähte um die Ecke, um einen flüchtigen Blick in den anderen Raum zu erhaschen. »Sie werden ihn bei lebendigem Leib fressen.«

»Kümmer dich nicht drum«, sagte David. Er leckte sich Kaffee vom Daumen und warf das Plastikrührstäbchen in den Müll. Er war kein Freund von Schikane, aber es gab einen Grund, warum sie zur Polizeikultur gehörte. Polizisten waren der Meinung, dass sich wahre Charakterstärke dadurch zeigte, dass man so etwas problemlos wegstecken konnte.

Richards zuckte mit den Schultern und drehte sich wieder um, um seine Limo von der Küchenzeile zu holen. »Gut aussehender Kerl.«

»Danke. Ich hab die Krawatte extra für dich ausgesucht.« David klimperte kokett mit den Wimpern, als Richards mit den Augen rollte, und wollte sich gerade mit einem Lachen umdrehen, als eine laute Stimme aus dem Nebenraum erschallte, die schmierig genug war, um ihn in seiner Bewegung erstarren und verstummen zu lassen. Detective Carter Lane hörte man überall heraus. Er hatte einen starken Dialekt und war immer etwas zu laut. Das Arschloch hörte sich gerne selbst reden.

»Na, wen haben wir denn da?«

David verzog das Gesicht. Sie waren als Abteilungsleiter gleichgestellt – Lane leitete die Vermisstenstelle, während David die Mordkommission unterstand –, aber das machte sie noch lange nicht zu Freunden. »Was denkt ihr, Leute?«, fuhr Lane fort. »Ich hab das Gefühl, dass ich den Doktor schon mal irgendwo gesehen hab.«

»Vielleicht vor Gericht?«, antwortete jemand in speichelleckerischem Tonfall.

Richards schien sich unwohl zu fühlen. David bemerkte, dass er selbst die Stirn gerunzelt hatte. Keiner von beiden rührte sich von der Stelle. Lane liebte es, Leute zu schikanieren, und benahm sich dabei wie ein echtes Arschloch. David wartete nur auf das Unvermeidliche.

»Nein, das ist es nicht ...« Lane schlug mit der Hand auf den Tisch, um seine Aussage zu unterstreichen und seine Pointe einzuleiten. »Ich weiß. Habe ich dich nicht beim letzten Seminar zum

Thema Menschenhandel gesehen?« Seine Stimme klang selbstzufrieden. »Ich könnte schwören, du warst einer von den Jungs in der Präsentation, die nur noch breitbeinig laufen konnten, weil man es ihnen zu oft besorgt hatte.« Alle im Raum lachten.

»Soll das ein Scherz sein?«, zischte Richards und wirkte aufgebracht.

David schüttelte den Kopf. »Was denn?«, flüsterte David. »Haben sie über dich etwa keine dreckigen Bemerkungen gemacht, als Teil *deiner* Schikane?«

Der Junge lief rot an. Die Schamesröte stand in starkem Kontrast zu seinem blassen Gesicht und seine Sommersprossen verschwanden fast darin. »Nein. Die Jungs haben einen Springer gemeldet und dann einen Erste-Hilfe-Dummy vom Dach geschmissen. Ich hab mir in die Ho…« Er hielt inne, als David die Hand hob.

»Wie hat man das noch genannt?«, machte Lane im anderen Raum weiter. »Ihr wisst schon, damals, im zweiten Weltkrieg.« Gemurmel brach aus und er lachte. »Richtig. Trostfrauen. Hübsch genug biste ja, auch wenn ich bezweifle, dass sich deine Leute wirklich für das Gesicht interessiert haben, hm? Hauptsache ein Loch zum Reinstecken. Es wäre echt Verschwendung gewesen, dich bei so was zu verheizen.«

Der Doktor gab keine Antwort. David kratzte sich am Kinn und stieß den Atem durch seine zusammengepressten Zähne aus. So sehr er Lane auch verabscheute, er musste sich daran erinnern, dass die gleichen Schweigeregeln auch für ihn galten. Wenn er sich einmischte, würden die anderen Cops denken, dass der Doktor nicht alleine mit ihnen fertig würde.

»Hat dich schon mal jemand übers Knie gelegt und dir den Hintern versohlt, Doktorchen?« Das Lächeln in Lanes Stimme war nicht zu überhören. Er genoss es richtig, Asano in Verlegenheit zu bringen. »Zum Teufel, ich wette, du stehst drauf. Und benutzt die schicke Krawatte als Knebel. Oder ist dir das zu viel Stockholm-Syndrom?« Schallendes Gelächter brach aus. Sie warteten nur auf eine Reaktion. David hob den Kopf, als er Schritte hörte und sah, wie der Doktor in der anderen Richtung wieder an der Küche vorbeikam. Er fühlte sich wie ein Voyeur, während er dort stand, als wäre er gegen seinen Willen zum Mittäter geworden.

»Ich wette, du siehst ganz zauberhaft aus im Rock!«, rief Lane dem Doktor hinterher. Wieder lachten die Männer im Pausenraum und David fing Richards am Arm ab, als der einen Schritt nach vorne machte.

»Was hast du vor?«, fragte er den Jungen flüsternd und drängte ihn gegen die Küchenzeile, um ihn zurückzuhalten. Ob es ihnen gefiel oder nicht, gegen die Schikane konnten sie nichts ausrichten. »Wenn du jetzt da reingehst, macht dich das nur zum schwarzen Schaf. Komm schon.« David ließ Richards' Ellbogen los. »Zurück an die Arbeit.« Er deutete auf die Tür und trat zurück. »Stuhl. Arsch. Abmarsch.«

David sah seinem Detective nach und wandte sich dann wieder seinem Kaffee auf der Anrichte zu. Aus dem anderen Raum hörte er weiteres Gelächter. Sein eigenes Unbehagen zu verdrängen war nicht ganz so leicht. Selbst für Lanes Verhältnisse war er ein bisschen zu weit gegangen. Diese Art von gezieltem Mobbing war etwas anderes, als den Neuen mit einem gemeinen, aber letztlich doch einbeziehenden Scherz dazu zu bringen, sich in die Hose zu machen.

Schließlich schenkte er einen weiteren Kaffee ein und ging mit den beiden heißen Tassen in seinen schwieligen Händen aus der Küche und den Flur hinunter. Das Revier war nicht groß – der Quadratmeter war teuer in Brooklyn, selbst für die Polizei. David ging an der Anmeldung vorbei und nickte Abel zu, bevor er die Treppe in den zweiten Stock nahm. Als ihm einige Detectives in Hemd und Krawatte und Streifenpolizisten in ihren blauen Uniformen entgegenkamen, presste er sich mit der Hüfte gegen das Holzgeländer. Der gesamte Laden funktionierte wie ein gut einstudierter Tanz – ein Tanz, dessen Rhythmus David gefiel. Er hatte fast ein Jahrzehnt seines Lebens in diesen Räumlichkeiten verbracht.

Die Jalousien an den großen Fenstern im oberen Stock waren immer heruntergelassen und die Lamellen so gestellt, dass jegliches Sonnenlicht, das hereinfiel, an die Decke reflektiert wurde. Auf dem abgenutzten Holzboden reihten sich Arbeitsnischen aneinander, in denen Fallakten und persönliche Gegenstände permanent um ihren Platz kämpften. In einer Ecke in der Nähe von Davids Büro war ein mobiles Schwarzes Brett geparkt, an dem eine ständig wechselnde Sammlung der geschmacklosesten Krawatten der Abteilung hing, eine fahrbare Wall of Shame.

Nur wenige seiner Jungs waren heute auf dem Revier und über ihre Schreibtische gebeugt. Rogers und McFadden hatten die Köpfe zusammengesteckt und Montoya warf immer wieder einen Tennisball gegen die Wand. Bellany stand an den Aktenschränken. Richards blickte auf, als David an ihm vorbeikam.

Das Büro des Doktors war in einer Ecke versteckt, zwischen der Mordkommission und der Abteilung für Organisiertes Verbrechen, und damit quasi auf der gegenüberliegenden Seite des Stockwerks von Davids eigenem. Während er in der Tür stand, kam er nicht umhin, zu bemerken, wie leer es im Vergleich zu den restlichen Arbeitsplätzen wirkte. Es gab keine persönlichen Gegenstände außer einem schwarzen Aktenkoffer, der in der Ecke stand. Sie hätten ihm wenigstens eine verdammte Topfpflanze hinstellen können.

Mit einem Kopfschütteln wandte er sich ab und hätte fast seinen Kaffee über den Mann geschüttet, der hinter ihm aufgetaucht war. Es war nur den schnellen Reflexen des Doktors zu verdanken, dass Asanos schicker Dreiteiler nicht ruiniert wurde.

»Ich schwöre, das sollte eigentlich ein Begrüßungskomitee werden«, murmelte David und verzog das Gesicht, als der Kaffee auf seine eigenen Schuhe schwappte, »und kein Mordversuch.«

»Bei der Mordkommission kann man nie wissen …« Asano wirkte amüsiert, während er mit seinen langen Fingern die volle Tasse ergriff, ohne David zu berühren. Sein Lächeln war höflich.

David lachte und schüttelte den Kopf. »Ich schwöre, ich hatte keine Hintergedanken.« Ihre Schultern berührten sich, als er in das Büro trat, um seine Tasse auf dem Schreibtisch abzustellen und sich die letzten Papiertaschentücher aus der Box auf dem Schreibtisch zu schnappen. Er zog die Hosenbeine hoch und hockte sich hin, um die Schweinerei aufzuwischen. Zunächst versuchte er allerdings erfolglos, seine Schuhspitzen zu säubern. »Wäre Tee vielleicht passender gewesen? Sie scheinen mir eher der Typ zu sein, der Tee trinkt.« Als er mit den feuchten Papiertüchern in der Hand aufstand, erblickte er eine dunkle Augenbraue, die über das schmale Gestell einer rechteckigen Brille gehoben war, und auf Asanos Lippen lag ein Lächeln, das sehr viel aufrichtiger wirkte.

»Und welcher Typ soll das sein? Der japanische?«

»Sie sind Japaner?« David warf die Papiertücher in den Mülleimer und blickte sich um, bevor er das Gesicht verzog und sich die Hände an der Hose abwischte. »Darauf wäre ich nie gekommen.« Er sah von seiner Hose auf und begegnete einem festen, kühlen Blick aus dunklen, fast schwarzen Augen hinter kleinen Brillengläsern. Er erkannte, dass er analysiert wurde. Er grinste. »Ich würde Ihnen ja die Hand schütteln, aber …«

»Doktor Katsuya Asano. Und ich bevorzuge Kaffee.« Abgesehen von der geschmeidigen Aussprache seines eigenen Namens hatte der Doktor nicht den geringsten Akzent.

»David Krause, Mordkommission. Ich auch.« Er lehnte sich gegen einen niedrigen Aktenschrank, streckte die Beine aus und überschlug sie an den Knöcheln. Verdammte Schuhe, der Kaffee würde Flecken hinterlassen.

Asano blieb noch einen Moment stehen, bevor er sich mit einem Nicken auf seinem Schreibtischstuhl niederließ. »Detective. Sie wollten also nur mal Hallo sagen?«

Der Junge scheint ziemlich hohe Mauern um sich errichtet zu haben, dachte David. Das schloss er aus dem präzisen Knoten in der Krawatte des Doktors und der Tatsache, dass er sich nichts von den vorherigen Ereignissen anmerken ließ. Sein Hemd war gestärkt und er trug nicht nur ein Jackett, er hatte es auch zugeknöpft. Er trug den Anzug wie eine Rüstung. Davids eigene Ärmel waren bis zu den Ellbogen aufgerollt. »Ich bin netter als die anderen«, sagte er. »Ich bringe Geschenke.«

»Hüte dich vor Männern, die Geschenke bringen.«

»Sie haben aber auch für alles das passende Sprichwort.«

Wieder lächelte Asano. »Ich weiß, wovon ich rede. Ich hatte heute Morgen schon einen Kaffee hier. Er war grauenhaft.« Trotzdem nahm er einen Schluck. Vielleicht sollte es nur eine Geste der Höflichkeit sein, genau wie sein Lächeln.

»Das ist die Spezialität des Hauses.« David änderte seine Taktik. »Ich habe gehört, Sie haben den Stark-Fall gelöst.«

Der Themenwechsel entspannte die stoische Miene des Doktors und für einen Moment fiel sein dunkles Haar in seine Augen und sein Mund öffnete sich. Diese plötzliche Sanftheit stand ihm und David musste schlucken. Es war gefährlich, so attraktiv auszusehen, wenn man seine Schutzschilde senkte. Kein Wunder, dass Lane ihn so angegangen hatte, wenn er das auch bemerkt hatte.

»Sozusagen«, erwiderte Asano. Er hob die Hand, um sich die Haarsträhnen wieder hinters Ohr zu streichen. Dabei fuhr er auch seine Schilde wieder hoch. »Mir hat sich einfach nur eine günstige Gelegenheit geboten, weil der junge Mann mit mir gesprochen hat.«

»Seien Sie nicht so bescheiden. Niemand sonst konnte ihn dazu bringen, sich zu öffnen.« David hatte im Nachhinein einen Blick in die Stark-Akte geworfen. Sobald Asano damit beauftragt worden war, ein Profil des Opfers zu erstellen, war der Fall ins Rollen gekommen. Es war fast so, als hätte der Doktor genau gewusst, welche Fäden er bei dem Jungen ziehen musste … und alle Knoten hatten sich gelöst. Das war nicht einfach nur aus Büchern erlerntes Wissen, das war ein gottgegebenes Talent.

Asano lächelte erneut, doch sein Gesicht war hinter der Kaffeetasse verborgen. Sofort beschlugen seine Brillengläser. »Werfen Sie immer so mit Komplimenten um sich, Detective?«

David schlug die Beine auseinander und stützte sich mit der Tasse in den Händen auf seinen Knien ab. »Ich versuche grundsätzlich, die Leute nicht zu verwöhnen.«

»Und was ist an mir anders?«

David lächelte. »Ich kenne Sie noch nicht.« In diesem Revier hörte man nicht oft Komplimente, obwohl es eines der besten aller Stadtbezirke war. »Wer weiß? Wenn Sie so gut sind, wie es auf dem Papier den Eindruck macht, lade ich Sie vielleicht irgendwann mal auf einen richtigen Kaffee ein.«

»Sie müssen mir keinen Gefallen tun«, sagte Asano und stellte seinen Kaffee ab. Er sprach leise, doch sein Blick ruhte auf David. »Ich weiß, wie das hier läuft.«

Der Doktor wusste also, was Sache war, oder er hatte es zumindest in einem Lehrbuch gelesen. Er hob eine Hand. »Das ist kein Gefallen. Es ist eine Belohnung für gute Arbeit. Das ist ein Unterschied.« David wollte Asano nicht auf die Füße treten oder seinen Ruf und seinen Stolz verletzen. Er kam mit knackendem Rücken auf die Füße. Asano beobachtete ihn, als er das Büro verließ. In der Tür hielt er inne und legte eine Hand auf den Rahmen. David grinste. »Willkommen auf dem Revier, Doc. Jeder Tag hier ist ein schöner Tag in der Hölle.«

Und so war es auch.

Der beste Beweis: Es hatte sich sofort herumgesprochen, dass Lane Verstärkung suchte, um den Doktor zu schikanieren. Den ganzen Tag über kamen Beamte in Asanos Büro und klagten über ihre Leiden. David hörte Fälle von Nymphomanie und vorzeitiger Ejakulation. Einmal sah er sogar durch das Fenster seiner eigenen Bürotür, wie Montoya seinen Tennisball nach einem Jungen warf, der lautstark gefordert hatte, dass er den Boston-Red-Sox-Fan finden sollte, der ihm Filzläuse verpasst hatte. Als Bostoner ärgerte das Mike natürlich maßlos.

Man musste Asano hoch anrechnen, dass er dem Polizisten erklärte, dass das nicht in sein Fachgebiet falle.

Als David seine Sachen zusammensuchte, um nach Hause zu gehen, war die Schlange nur noch länger geworden. Er hatte das schon zuvor gesehen: Das Rudel stürzte sich auf seine Beute. Und auch wenn es den beiden Abteilungen um das Büro des Doktors herum auf die Nerven ging, sagte niemand etwas, weil das einfach der Lauf der Dinge war. Auf dem Weg nach draußen ging David an der Schlange vorbei. Asano erklärte Lenart gerade, dass er trotz der Träume, die der Mann über seine Mutter hatte, Psychiater und kein Kuppler sei und dass er bitte gehen solle. Der Doktor wirkte immer noch gefasst, seine Krawatte saß gerade und sein Haar war ordentlich zurückgekämmt.

***

Am nächsten Morgen, als David ihn entdeckte, wie er durch den Schnee auf das Revier zuging, machte er jedoch einen ganz anderen Eindruck.

Die Schulen waren geschlossen und es gab kaum Verkehr. Der Winter zeichnete sich durch eine nicht enden wollende Schlechtwetterfront aus. Die Heizung in Davids Wagen lief auf Hochtouren, um gegen den leichten, aber konstanten Schneefall in Brooklyn anzukommen. Zunächst erkannte er die Gestalt nicht, die zu Fuß durch das Schneegestöber stapfte. Der Kragen des schwarzen

Trenchcoats war hochgeschlagen und der Mann hielt den schwarzen Schirm dicht über seinen Kopf. Doch den Aktenkoffer hatte David schon einmal gesehen. Er hielt am Straßenrand und ließ das Fenster auf der Beifahrerseite herunter.

»Kann ich Sie mitnehmen?«

Der Mann hielt inne und ein kalter Blick wurde durch das dichte Weiß auf ihn gerichtet. »Nein, danke.«

Das war nicht gerade die Antwort, die David erwartet hatte, und ihm blieb der Mund offen stehen, als Asano weiter in Richtung des Reviers ging, das noch einige Blocks entfernt war. Sturer Mistkerl. Er tippte leicht aufs Gaspedal und tuckerte neben dem Doktor her. Schneeflocken rieselten auf den Beifahrersitz.

»Hier drin ist es kuschelig warm«, sagte David leise. »Also, ich war ja schon in vielen warmen Autos, aber meins ist wirklich hitverdächtig.« Er blickte von der Straße wieder zu Asano. Der Mann hatte die Augen stur geradeaus gerichtet. »Es ist schon fast *zu* heiß.«

»Dann ist es ja gut, dass Sie das Fenster offen haben.«

David lachte. »Touché, Doc.« Er lenkte mit nur einer Hand und beugte sich ein wenig vor, um aus dem Fenster sehen zu können. »Sie sind wirklich stur.«

Asano warf ihm einen Blick zu. »Sie sind derjenige, der mir folgt. Sie sollten besser nicht mit Steinen werfen.«

»Immerhin ist mein Glashaus beheizt.«

Ein Lachen entrang sich scheinbar gegen seinen Willen Asanos Lippen. Er versuchte immer noch, es zu unterdrücken, als er endlich vom verschneiten Bordstein trat. David hielt an. Die schlanke Gestalt des Doktors brachte einen kalten Luftzug und den sauberen Duft von Seife mit herein und als Asano den Kopf drehte, um ihn anzusehen, klebte eine feuchte Haarsträhne an seiner Wange. »Das ist ein Gefallen.« Er schlug die Tür zu.

»Ich versuche nur zu verhindern, dass der Doktor meines Reviers erfriert, um uns allen den Papierkram zu ersparen. Das ist also vollkommen eigennützig.«

Wieder entrang sich Asano ein Lachen, als er sich abwandte, um das Fenster zu schließen. »Verstehe. In dem Fall habe ich also *Ihnen* einen Gefallen getan, indem ich zu Ihnen ins Auto gestiegen bin.«

»Zu freundlich von Ihnen, Doc.« David warf einen Blick über die Schulter und reihte sich wieder in den Verkehr auf der verschneiten Straße ein. Die Schneepflüge kamen mit dem Räumen kaum hinterher. Die Reifen drehten einmal durch, während sie sich durch den Schneematsch fraßen, der sich am Straßenrand angesammelt hatte, bevor sie auf dem Asphalt griffen. »Schlechte Jahreszeit, um kein Auto zu haben.«

Asano betrachtete die Straße durch das Hin und Her der Scheibenwischer. »Ich habe ein Auto. Ich konnte es nur heute Morgen nicht benutzen. Der Fußweg ist nicht weit.«

Darüber musste David lachen. »Bei diesem Wetter? Da ist jeder Weg zu weit. Echte New Yorker haben ja ein dickes Fell, aber ich mache mir Sorgen bei Leuten, die nicht aus der Stadt sind.«

»Sie kennen mich nicht«, griff er Davids eigene Aussage vom Vortag auf.

Er zuckte mit den Schultern. »Ich lerne ständig dazu.«

»Ach wirklich?«

Die trockene Ungläubigkeit in diesen zwei Worten brachte David zum Lachen. Das Geräusch schallte durch den engen Innenraum des Autos. »Natürlich. Sie mögen schwarzen Kaffee. Sie lächeln aus Höflichkeit, aber es ist nicht aufrichtig, und Ihre Kleidung verrät mir, dass Sie Wert auf den äußeren Eindruck legen. Das ist also eine bewusste Entscheidung.« Asano hatte sich David zugewandt, als der hinzufügte: »Und Sie verlassen sich ganz auf sich selbst – und das in manchen Situationen bis zu einem ungesunden Grad. Wollen Sie mir wirklich erzählen, ich muss mir keine Sorgen machen, dass Sie erfrieren könnten?«

Schweigen senkte sich über das Innere des Wagens und David deutete es als ein stummes Eingeständnis und eine Spur von Respekt, den er sich gerade verdient hatte. Dann ergriff Asano doch das Wort: »Sie scheinen sich viele Sorgen zu machen, Detective.«

»Und Sie scheinen gerne persönlichen Fragen auszuweichen. Liegt das daran, dass Sie ein Seelenklempner sind, oder ist das einfach ein angeborenes Talent?«

Dieses Mal war Asanos Lachen aufrichtig. Es war zaghaft und leise und es lag eine gewisse Wärme darin, die David zum ersten Mal erahnen ließ, dass unter den gestärkten Hemden und dem kalten Blick des Doktors ein herzensguter Mensch steckte. »Vielleicht bin ich einfach nicht besonders interessant«, erwiderte Asano mit einem Lächeln.

»Irgendwie bezweifle ich das.«

In einem halben Block Entfernung konnte man jenseits der verschneiten Kreuzung gerade so das Revier ausmachen. David blinkte und fuhr an den Straßenrand. Der Doktor blickte aus dem Fenster. »Am Revier gibt es einen Parkplatz ...«

»Und genau dort werde ich gleich parken«, erklärte David. Asano blickte ihn mit sanften Augen an und David glaubte, ein aufrichtiges Lächeln aufblitzen zu sehen, bevor der Doktor sich abwandte, um die Tür zu öffnen und auszusteigen. Er zögerte und beugte sich dann noch einmal herein.

»Danke.«

David deutete einen Salut an, indem er sich leicht mit zwei Fingern an die Stirn tippte, und lächelte, als wollte er sein Verhalten als nichts weiter als Teil seiner Pflicht abtun. Asano schloss die Tür und machte sich auf den Weg zum Revier. David fädelte sich wieder in den Verkehr ein.

Wie sich herausstellte, hatte der Doktor nicht die ganze Wahrheit über sein Auto erzählt.

David gähnte auf dem Weg in den Keller des Reviers. Er fand es hier unten immer deprimierend, was natürlich gewollt war. In den Zellen und Verhörräumen gab es keine Fenster, nur nackten Beton. Man konnte ja nicht riskieren, dass ein bisschen Sonnenlicht die Verdächtigen aufgeheiterte oder dass vielleicht eine kleine Brise den Gestank aus der Ausnüchterungszelle vertrieb.

Er schob seinen Ausweis und das Anfrageformular durch die Durchreiche im Schalter zur Asservatenkammer dem Beamten zu und lehnte sich dann mit verschränkten Armen gegen die Wand, um zu warten. Die Kälte kroch durch sein Hemd und in seine Knochen. Zwei Streifenpolizisten saßen mit ihrem Kaffee in der Hand und ihren Mützen neben sich auf der Bank gegenüber und unterhielten sich zwischen ihren Schichten.

»Nee. Er hat's einfach gemacht. Er hat gesagt, wer gerade in der Gegend ist, soll das in die Hand nehmen.«

David schloss die Augen und wünschte, er hätte einen Kaffee.

»Armer Scheißer«, lachte der andere Streifenpolizist.

Die Metalllade neben Davids Ellbogen wurde von der anderen Seite durchgeschoben. Darin lagen sein Ausweis und der Ordner mit den Beweismitteln, die er angefragt hatte. »Einen Moment«, sagte David zu dem Beamten. Er trat von der Lade weg und überquerte den Flur. »Redet ihr hier über einen Straftäter?«

Die Männer sahen auf. »Nee«, sagte der erste. »Über den Neuen.«

»Habt ihr sein Auto abgeschleppt?«, fragte David.

»Jungs von einem anderen Revier haben es beschlagnahmt. Lane hat letzte Nacht eine Fahndung rausgegeben und jeden in der Gegend gebeten, sich drum zu kümmern.«

»Beschlagnahmt?« David konnte Asano nicht verdenken, dass er ihm nicht die ganze Geschichte erzählt hatte. Aber auch wenn er die Tatsache anerkannte, dass er ihn nicht angelogen hatte, änderte das doch nichts an der Situation. Vom Abschlepphof hätte man den Wagen problemlos einfach wieder abholen können, aber um ihn vom Asservatenhof zu bekommen, würde Asano bezahlen müssen. Und dann war da auch noch die Tatsache, dass Lane ein anderes Revier mit hineingezogen hatte.

»Hey!«, rief der Asservatenbeamte. »Hol dein Zeug ab!«

»Danke«, sagte David zu den beiden Polizisten und schnappte sich seinen Ausweis und seine Tasche. Er rieb sich mit der Hand über den Mund und ging auf die Treppe zu. Bei der Schikane gab es bestimmte ungeschriebene Regeln und Lane lief Gefahr, diese zu überschreiten. Ein Streich sollte einem neuen Rekruten nicht das Gefühl geben, dass man sich über ihn lustig machte, sondern ihm begreiflich machen, dass er Teil von etwas Größerem war und dass man sich dazu erst einen gewissen Respekt verdienen musste. Einen Erste-Hilfe-Dummy vom Dach zu werfen gab Richards die Möglichkeit, mit den Jungs zu lachen, die ihm den Streich gespielt hatten, und so Teil der Gruppe zu werden. Wenn diese Dynamik fehlte, wurde man einfach nur ausgelacht.

In den nächsten Stunden und mit ein paar Tassen Kaffee gelang es David, das alles zu verdrängen. Er hatte Papierkram zu erledigen und Richards nervte ihn immer wieder damit, dass er sich einen Fall ansehen solle, bei dem er nicht weiterkam. So verging der Tag, bis Lane mittags im Morddezernat aufkreuzte.

David blickte von Richards' Schreibtisch auf und trommelte mit dem Bleistift auf die Akten, während seine Aufmerksamkeit dem Mann folgte. Lane hatte nicht nur ein paar Dienstjahre mehr auf dem Buckel als David, er war auch ein paar Zentimeter größer, doch während er durch die Abteilung und auf Asanos Büro zustolzierte, wurde vor allem eins deutlich: David konnte ein Arschloch sein, wenn Leute es nicht besser verdienten, aber Lane *genoss* es, ein Arschloch zu sein.

David konnte den Inhalt ihrer Unterhaltung nicht hören, aber was er durch das Fenster in der Bürotür des Doktors sah, ließ keinen Zweifel, worum es ging. Lanes Körperhaltung – er hatte sich über den Doktor gebeugt und eine Hand ruhte auf seiner Rückenlehne, während er sich mit der anderen auf dem Schreibtisch abstützte – ließ David mit den Zähnen knirschen. Doch ihm waren die Hände gebunden. Es lohnte sich nicht, den Vorfall zu melden und die Folgen zu riskieren, wenn der Doktor ohnehin alles leugnen würde. Als Lane eine seiner großen Pranken auf Asanos Schulter legte, stand David auf.

Richards lehnte sich vor. »Du hast doch gesagt …«

»Ich weiß, was ich gesagt habe«, knurrte David durch zusammengebissene Zähne. Die Tür zum Büro des Doktors öffnete sich und Lane trat heraus, gefolgt vom Doktor. Asano warf David einen flüchtigen Blick zu, aber der Augenkontakt war so kurz, dass es David den Wind aus den Segeln nahm. Er fühlte sich noch schlechter, als wenn er ihn gar nicht angesehen hätte.

Richards schreckte auf, als David den Bleistift zerbrach. Im Gesicht des Jungen spiegelte sich all die skeptische Feindseligkeit, von der David hoffte, dass er selbst sie verbergen konnte, während er beobachtete, wie die beiden verschwanden. »Wo zur Hölle wollen die hin?«

»Wohin immer Lane will.« David schüttelte den Kopf und warf die Einzelteile seines Bleistifts in den Müll. »Er spielt seinen Rang aus. Machen wir uns wieder an die Arbeit.«

Keine Gefallen. Lane hatte offensichtlich vor, die Schikane des Doktors zur Gewohnheit werden zu lassen. Oder zumindest wollte er ein Exempel an ihm statuieren. Was immer David tat, würde den Detective nur weiter anstacheln. Er musste die Sache auf sich beruhen lassen. Der Doktor konnte auf sich selbst aufpassen.

Stunden später, als Montoya ein weiteres Schnapsglas mit einer dunklen Flüssigkeit darin vor ihn stellte, hatte David schon fast vergessen, worüber er besorgt gewesen war. Das Lucky Duck war zwei Blocks vom Revier entfernt. Die Bar war ein düsterer Schuppen mit niedriger Decke und gelblicher Beleuchtung, die nur von Gebeten und den Gehaltsschecks aus dem Revier am

Leben gehalten wurde. An diesem Abend war die Bar voll mit Cops, die sich vor dem schlechten Wetter nach drinnen geflüchtet hatten. Die alte Wurlitzer-Jukebox in der Ecke spielte Johnny Cash.

»Prost«, sagte Montoya. »Wieder einer weniger.«

David klopfte mit der Unterseite des Glases auf die klebrige Theke. »Amen.« Der Whiskey war süß und brannte auf dem Weg nach unten, wo er sich mit der wohligen Wärme der vorherigen Drinks vermischte.

Montoya stellte sein Glas verkehrt herum auf den Tresen, zog an seinem Schnurrbart – ein beeindruckender Schnauzer, den er schon seit so vielen Jahren trug, dass David nicht einmal mehr wusste, wie sein Gesicht darunter aussah – und stand mit einem Stöhnen auf. »Ich geh mal pissen. Halt solange die Stellung.«

David legte sich ernst eine Hand auf die Brust. »Ich werde deinen Platz mit meinem Leben verteidigen.«

Montoya klopfte ihm so heftig auf den Rücken, als er an ihm vorbeiging, dass David fast gegen den Tresen geschoben wurde. »Genau das ist dein Problem, Dave«, sagte er, als er davonging. »Du denkst mit dem Herzen.«

An seinem ersten Arbeitstag hatte David seinem neuen Partner und zukünftigen Mentor erklärt, dass er es vorzog, David genannt zu werden, aber Montoya hatte ihm nur in die Augen gesehen und erwidert, dass es scheißegal sei, was er vorzog, er sähe einfach aus wie ein Dave. Fast zehn Jahre später war David sein Vorgesetzter, aber Montoya hatte nie aufgehört, den Spitznamen zu benutzen.

David stieß ein Lachen aus, nahm noch einen Schluck von seinem Bier und sackte auf seinem Hocker zusammen. Nun, da er alleine war, versuchte er, der leisen Unterhaltung der zwei Typen neben sich zu folgen. Er drehte sein leeres Schnapsglas auf der Theke. Er war zu unzähligen Geburtstagen und Trauerfeiern hier gewesen. In das Holz dieser Theke waren fast hundert Jahre Polizeigeschichte, die guten wie die schlechten Zeiten, eingesickert.

»Er ist der Abteilungsleiter.«

Diese Feststellung war so laut, dass es schwer war, sie zu überhören. David blickte zu ihnen hinüber, als der Mann fortfuhr: »Er kann tun und lassen, was er will, solange er derjenige ist, der mein Gehalt bezahlt.«

Bei den beiden handelte es sich um Gregory und Peck von der Vermisstenstelle und allem Anschein nach hatten sie schon ein paar Bier intus. Er kannte keinen von ihnen besonders gut, sie waren nichts weiter als Namen und Gesichter aus einer anderen Abteilung. Aber es war Lanes Abteilung und das erregte Davids Aufmerksamkeit.

»Nee, also …« Gregory schüttelte den Kopf. »Das ist einfach nicht richtig. Außerdem ist der Kerl ein Doktor, oder? Er sollte tabu sein, ist schließlich keiner von uns.«

Offenbar war David nicht der Einzige, der der Meinung war, dass Lane eine Grenze überschritten hatte. Er redete sich ein, dass er einen Platz weiterrücken sollte, damit er sie nicht mehr hören konnte. Was auch immer vor sich ging, war nicht sein Problem. Asano war nicht sein Problem. Er nahm noch einen Schluck.

»Ist doch egal, wer der Kerl ist. Er könnte der verdammte Papst sein und es würde mich einen Scheiß interessieren.« Peck knibbelte an der Theke herum.

»Lane hat da drin nicht versucht, dem Mann die Kleider zu richten …«

»Halt's Maul!«, zischte Peck und riss den Kopf hoch. David starrte in sein Bier und versuchte, mit der Masse aus braunen und schwarzen Mänteln zu verschmelzen. »Hör zu«, fuhr der Detective schließlich mit gesenkter Stimme fort, »es spielt keine Rolle. Es spielt keine Rolle, ob er Asanos Krawatte gerichtet hat oder versucht hat, sie ihm abzunehmen. Es spielt keine Rolle, ob es am Tatort passiert ist oder auf dem Revier – ein Neuer ist ein Neuer und Lane ist unser scheiß Boss.«

Also lässt du ihm das bisschen sexuelle Belästigung einfach durchgehen, ja, Peck? Die Wut hinterließ einen bitteren Nachgeschmack auf Davids Zunge, der nicht vom Bier kam.

»Es hätte lustig sein können«, bemerkte Gregory, »wie Asano ihn hat abblitzen lassen, aber Lane war richtig angepisst. Ist doch seltsam, dass er so ausgetickt ist, oder? Richtig seltsam.«

Peck schwieg einen Moment, bevor er das Wort ergriff. »Ja«, sagte er. »Das war seltsam.«

David hatte genug gehört. Er stand auf und zog seine Brieftasche heraus. Peck war in den vergangenen Jahren an einigen der gemeineren und erniedrigenderen Schikanen beteiligt gewesen. Die Tatsache, dass er eingestand, dass Lane zu weit gegangen war, beunruhigte David mehr als der eigentliche Inhalt des Gesprächs.

»Hey.« Montoya war zurück und sah, wie David ein paar Scheine aus seiner Brieftasche holte. »Du gehst? Ist was …«

David winkte ab und legte das Geld auf den Tresen. »Nein, es war nur ein langer Tag. Wir sehen uns morgen früh.« Montoya wirkte skeptisch, nickte aber, doch auf dem Weg zur Tür spürte David den Blick seines Freundes auf sich ruhen. Montoya traf die weise Entscheidung, ihm nicht zu folgen. Wahrscheinlich kannten sie sich lange genug, dass er wusste, wenn David keine gute Gesellschaft war.

Der Schnee türmte sich auf, nachdem er von der sich öffnenden Tür beiseitegeschoben worden war, und knirschte unter seinen Schuhen. Die Kälte brannte David in den Lungen. Einen Augenblick lang stand er auf dem Bürgersteig und beobachtete die weichen orangen Wolken, die das Schneegestöber unter den Straßenlaternen bildete. Dann legte er den Kopf in den Nacken und schloss die Augen. Lane würde nicht lockerlassen. Und David würde nicht länger danebenstehen und zusehen, wie Asano verletzt wurde, nur weil sein Stolz oder irgendein testosterongesteuertes, veraltetes System verlangte, dass er ein Arschloch wie Lane duldete.

Die Entscheidung zu handeln brachte eine kalte Befriedigung mit sich und trieb ihn die zwei Blocks zurück zum Revier, den Blick stur geradeaus gerichtet und die Hände in den Taschen vergraben. Er bemerkte den Diensthabenden an der Anmeldung kaum, als der Mann die Hand zum Gruß hob, oder den Strom der blau Uniformierten, die sich zur Spätschicht einfanden.

David nahm je zwei Stufen auf einmal und verlangsamte seine Schritte erst, als er oben angekommen war, um einen Blick auf seine Uhr zu werfen. In der Vermisstenstelle hatten in dieser Nacht nur zwei Beamte Dienst, doch keiner von ihnen reagierte, als David auf dem Weg zu dem Büro am anderen Ende des Raumes an ihnen vorbeiging. Lane blickte von seinem Schreibtisch auf, als die Tür mit einem Knall ins Schloss fiel, der die Jalousien erzittern ließ.

»Wir müssen reden.«

Lane lehnte sich auf seinem Stuhl zurück. Trotz der späten Stunde war sein dunkelblondes Haar ordentlich frisiert. Die Krawatte dagegen hatte er abgenommen und über seinen Bildschirm gehängt und das Jackett, das über der Rückenlehne seines Stuhls hing, wirkte zerknittert. »Sind wir ein bisschen angespannt, Krause?«

David ignorierte die beiden Stühle, die vor Lanes Schreibtisch standen, stellte sich zwischen sie und stützte sich auf die Tischplatte. »Schnauze und zuhören!« Lane wollte etwas sagen, doch David schnitt ihm sofort das Wort ab. »Ich weiß, es fällt dir nicht leicht, dich wie ein menschliches Wesen zu verhalten, aber du musst verdammt noch mal endlich erwachsen werden. Die Leute auf diesem Revier sind deine Kollegen und es wird höchste Zeit, dass du sie mit ein wenig Respekt behandelst.«

Auf der anderen Seite des Schreibtischs lachte Lane und verschränkte die Arme vor der Brust. »Wohl gesprochen, Miss America. Aber was genau willst du eigentlich von mir?«

»Spiel nicht den Dummen. Lass die Finger vom Doktor.« David wagte es nicht, weiter ins Detail zu gehen. Er wollte Gregory und Peck nicht ans Messer liefern.

Lane zog eine Augenbraue hoch und David gefiel der verschlagene Ausdruck, der sich auf seinem runden Gesicht ausbreitete, gar nicht. »Hat da jemand etwa Geschmack an japanischem Essen gefunden? So hätte ich dich gar nicht eingeschätzt.« Lane grinste und lehnte sich vor. »Mach aus der Sache kein Problem, Krause.«

David richtete sich auf. »Es ist mein verdammtes Problem, mit dir fertigzuwerden! Du bist ein Mistkerl. Du warst schon immer ein Mistkerl! Denkst du, ich habe keine Rückendeckung?« Es war eine schwache Drohung.

»Keiner riskiert seinen Job für dich. Dafür mögen sie dich nicht genug.«

»Dann sitzen wir beide im gleichen Boot. Was glaubst du, wem das hier das Genick brechen wird? Außenstehende Einsatzkräfte ranzuziehen, um jemanden zu schikanieren, der nicht mal ein Cop ist.« David senkte die Stimme. »Sexuelle Belästigung am Tatort.«

Lane wurde bleich und seine Kiefer mahlten. Schließlich knurrte er leise: »Willst du dich für diesen Typen zum Märtyrer machen?«

»Wie du schon gesagt hast«, David zuckte mit den Schultern, »niemand mag mich genug, um sich darum zu scheren.« Und damit ging er.

Auf dem Weg nach draußen winkte er dem Diensthabenden an der Anmeldung zu. David hatte die Hoffnung, dass es mit dieser Drohung enden würde, dass Lane sich benehmen würde und dass Asano nie erfahren würde, dass sich jemand – aus welchen Gründen auch immer – eingemischt hatte.

Nachdem er seinen Ärger und sein Adrenalin an Lane abreagiert hatte, konnte er eine halbe Stunde später beruhigt einschlafen. Vielleicht hatte er sogar von dunklen Augen geträumt, doch das Klingeln seines Handys im Morgengrauen und das, was ihn am anderen Ende der Leitung erwartete, verdrängten jegliche Erinnerung daran.

Er tastete mit der Hand auf dem Nachttisch herum und linste mit einem Auge auf die Nummer, ohne den Kopf vom Kissen zu heben. Er schlug die Decke weit genug zurück, um sich das Telefon ans Ohr zu halten. »Krause.«

***

Es war der Anfang vom Ende der nächsten Woche seines Lebens. Die nächsten vier Tage wurden so von diesem Fall vereinnahmt, der ihm an diesem Morgen in den Schoß gefallen war, dass er keine Zeit für Drinks hatte oder um über Lane nachzudenken. Die Hälfte der Zeit duschte er sogar in der Umkleide des Reviers. Am Sonntagabend, als sich die Situation endlich weit genug beruhigt hatte, dass er sich mit seinen Jungs zusammensetzen konnte, um die Details durchzugehen, kümmerte er sich längst nicht mehr darum, dass sein Hemd völlig zerknittert war oder dass er die letzten sieben Tage nichts anderes als Essen vom Lieferdienst zu sich genommen hatte. Er wusste nur, dass er kein chinesisches Essen mehr sehen konnte und dass er todmüde war. Das waren sie alle.

»Ich bin erledigt«, stöhnte Richards und sein Kopf fiel auf den Tisch, um den sie sich versammelt hatten. Die kleine Armee von Tassen und Essensschachteln, die sich darauf angesammelt hatte, erzitterte. David bekam von dem Essensgeruch langsam Kopfschmerzen. Er klopfte Richards auf die Schulter, während er aufstand, um ein Fenster zu öffnen. Hinter den heruntergelassenen Jalousien war die Welt in Dunkelheit gehüllt. David setzte sich auf die Fensterbank, die sich über die gesamte Länge des Raumes erstreckte, um die frische Brise zu genießen.

Montoya gähnte und lehnte sich auf seinem Stuhl zurück. Er fuhr sich durch sein kurzgeschorenes Haar. »Es nützt nichts, dass die Spurensicherung Rückstände von Zyanid in dem Glas aus der Hütte gefunden hat«, führte er seinen vorherigen Gedankengang fort. »Ohne Autopsie können wir nicht beweisen, dass das die Todesursache war. Und ohne die Hilfe von Mr Crazy gibt es keine Autopsie, weil wir die Leiche nicht finden werden, solange er nicht in die Realität zurückkehrt und uns sagt, wo sie ist.«

»Das ist nicht hilfreich«, bemerkte David und lehnte sich gegen die Wand zwischen den großen Fenstern. Er hatte keine Ahnung, was einen Mann – einen Cop – dazu trieb, seinen eigenen Vater zu entführen und zu ermorden, aber er wollte es herausfinden.

Richards setzte sich mit einem Stöhnen auf. Er rieb sich die Stirn, wo die Tischplatte einen roten Abdruck hinterlassen hatte. »Wir haben absolut nichts in der Hand. Wir haben jeden Zentimeter der Hütte nach Hinweisen durchkämmt, wo er die Leiche hingebracht haben könnte. Es gibt keine Handyverbindungsnachweise für die fragliche Zeit.«

»Hast du mit Doktor Asano gesprochen?« Rogers, der neben Montoya saß und mit einem Stift spielte, blickte von der Pinnwand, auf der sie mit Fotos und Daten einen groben Zeitablauf rekonstruiert hatten, zu David. »Kann er uns irgendeinen Hinweis geben?«

»Er kann uns nichts sagen, solange er kein psychologisches Gutachten des Verdächtigen erstellt hat. Das weißt du doch.« David lehnte sich vor, stützte die Unterarme auf die Oberschenkel und verschränkte die Hände zwischen seinen Knien. Sein Team war gut und er vertraute ihm, aber ein solcher Fall musste genau nach Vorschrift bearbeitet werden, wenn er vor Gericht Bestand haben sollte. Manchmal brauchte man einfach Geduld.

»Das Verhör wird ergeben, dass der Kerl verrückt ist.« Montoya klopfte mit dem Finger auf den Tisch, um seine Aussage zu unterstreichen. »Du konntest ihm nicht mal seine Rechte vorlesen, bevor er durchgedreht ist, Dave.«

Es war ausgeschlossen, dass der Verdächtige verhandlungsfähig war. Als David am Donnerstagmorgen hereingekommen war, hatte er zusammenhangloses Zeug gebrüllt und von da an war es nur weiter bergab gegangen. »Wenn jemand aus ihm schlau werden kann, sind es die Ärzte«, sagte David. »Vielleicht bekommen wir morgen ein paar Antworten.« Drei Ärzte waren mit dem Fall betraut, aber vielleicht konnte Asano ja seine Magie wirken lassen und den richtigen Faden finden, um all die Knoten zu entwirren.

Rogers seufzte. »Oder wir stehen immer noch genau da, wo wir jetzt auch stehen.«

Sein Bauchgefühl sagte David, dass in diesem Puzzle die entscheidenden Teile fehlten. Sie würden die Lösung nicht auf ihrem Fallbrett finden oder in der Hütte, in der der Mord höchstwahrscheinlich begangen worden war. Der Schlüssel zur Lösung des Falls war im Bellevue an ein Bett gefesselt. Er massierte sich die Nasenwurzel und rieb sich übers Gesicht.

»Die Presse wird mehr fordern als das, was wir ihnen bisher geliefert haben«, warnte Montoya und setzte sich auf, um sich eine kalte Teigtasche zu schnappen. Er gestikulierte damit. »Ein Shitstorm kommt auf uns zu. Die Geier kreisen schon. Das ist ein gefundenes Fressen für die Klatschpresse. Sie werden die Polizei in ein schlechtes Licht rücken.«

»Polizisten, die ihre Väter töten, rücken die Polizei in ein schlechtes Licht«, entgegnete Rogers. Montoya zeigte mit der Teigtasche auf Rogers, bevor er sie aß.

Richards wollte gerade etwas sagen, als Lane die Tür aufriss und eintrat. Stille senkte sich über den Raum. Es gab keinen Grund für ihn, hier zu sein, aber es war offensichtlich, dass er trotzdem seinen Senf dazugeben wollte.

»Das hat uns gerade noch gefehlt«, grummelte Montoya. »Ein Haufen heiße Luft.«

Lane ignorierte ihn und fixierte David mit seinem Blick. »Ich hoffe, du hast nicht ernsthaft vor, das Arschloch durchs System rutschen zu lassen«, höhnte er.

David setzte sich gerader hin, stand aber nicht auf. Er breitete die Hände aus. »Ich hoffe, du willst nicht wirklich andeuten, dass es die richtige Vorgehensweise ist, einen unzurechnungsfähigen Mann anzuklagen.« Richards, Montoya und Rogers stand die Wut ins Gesicht geschrieben, von jemandem unterbrochen worden zu sein, der mit dieser ganzen Diskussion nicht das Geringste zu tun hatte, auch wenn er höhergestellt war als sie. »Was ist denn, Lane? Ist auf der Vermisstenstelle heute nichts los?«

»Eigentlich sollte sich die Vermisstenstelle für diesen Fall zuständig sein, Arschloch«, schoss Lane zurück und schlug mit der Hand fest genug gegen die Pinnwand, dass ein Bild von der Hütte, das daran festgepinnt gewesen war, zu Boden fiel. »Der Hurensohn hat seinen Vater entführt, bevor er ihn ermordet hat. Wenn ihr ihn nicht anklagen wollt, schickt mir den Fall – *ich* werde es tun.«

»Das wird nicht passieren.«

Als Lane auf ihn zukam, knirschte David mit den Zähnen und blieb sitzen. Er hob eine Hand, als Montoya sich auf der anderen Seite des Tischs erhob. »Der Kerl ist ein Cop«, sagte Lane. »Er ist unser aller Problem. Wir müssen mit allen Mitteln gegen ihn vorgehen.« Er beugte sich vor und stützte eine Hand gegen die Wand neben Davids Kopf. »Oder willst du wieder mal den guten Samariter spielen?«

Nun, da sie sich so nah waren, konnte David nicht verhindern, dass sich seine Nackenhaare aufstellten. »Du solltest lieber nicht so große Töne spucken«, zischte er so, dass nur Lane ihn hören könnte. »Willst hier die Ehre der Polizisten verteidigen, obwohl du selbst ein lausiges Exemplar bist.« Lane bleckte die Zähne, doch bevor er etwas erwidern konnte, ergriff Richards das Wort.

»Wir müssen das richtig angehen«, seine Stimme klang schrill, aber entschlossen, »sonst fliegt uns das alles um die Ohren.«

David atmete aus. Der Junge hatte ein wirklich schlechtes Timing. Lanes Aufmerksamkeit richtete sich auf ihn. Er ließ den Arm sinken und wandte sich dem Rotschopf zu. »Wer zur Hölle bist du denn?«

»Richards, Sir.«

»Richards, halt dein scheiß Maul!«

Das war zu viel. David stand auf. »Verschwinde aus meiner Besprechung.« Seine Stimme war gesenkt. Lane konnte das Maul aufreißen, so viel er wollte, aber so redete er nicht mit Davids Team. »Sonst ruf ich unten an und lass dich abführen.«

»Raus auf die Straße oder in eine Zelle«, warf Montoya ein.

Lane lief vor Wut rot an. »Wenn du glaubst, du könntest …« Sein Blick wanderte zur Tür und die Worte erstarben auf seinen Lippen. In der entstandenen Stille folgte David seinem Blick. Doktor Asano kam aus seinem Büro und hielt eine aufgeschlagene Akte in den Händen, in der er las, während er ging. »Wie du willst, Krause«, beendete Lane das Gespräch und seine Stimme hatte plötzlich einen gefährlich milden Unterton. »Wenn du mir nicht helfen willst, werde ich jemanden finden, der es tut.« Er verließ den Raum. »Asano!«

David folgte ihm und beobachtete, wie sich die Schultern unter dem dunklen Anzug versteiften, als Lane seinen Namen rief. Asano hob den Kopf und entdeckte sie alle, antwortete jedoch nicht. David konnte es ihm nicht verdenken. Ihm hätte der Anblick, der sich dem Doktor bieten musste, auch nicht behagt, aber es war zu spät, so zu tun, als hätte er sie nicht bemerkt. »Sie werden empfehlen, dass der Täter angeklagt wird«, sagte Lane. Es klang nicht wie eine Frage und David ging davon aus, dass es das auch nicht sollte. Er legte Montoya eine Hand auf die Schulter, als der ältere Mann versuchte, an ihm vorbei durch die Tür zu treten.

Der Doktor schlug die Aktenmappe zu und rückte seine Brille zurecht. »Mir liegen nicht genug Informationen vor, um eine Entscheidung in die eine oder die andere Richtung zu treffen.«

»Verarsch mich nicht!«, knurrte Lane und drang in seine persönliche Distanzzone ein. »Du musst dein drittes Gespräch mit ihm inzwischen hinter dir haben, du weißt ganz genau, was Sache ist. Aber der eigentliche Knackpunkt ist, dass das auch gar keine Rolle spielt. Der Kerl ist ein Cop. Du verstehst vielleicht nicht …«

»Die engstirnige, ausgrenzende Mentalität, die von den Polizeibeamten gefördert wird?«, fragte Asano. »Oder das Bedürfnis, jemanden mit einem Stigma zu verstoßen, um im Vergleich besser dazustehen?« Neben David musste Montoya schwer schlucken, um sich ein Lachen zu verkneifen. Auch David war ziemlich beeindruckt. »Ich denke, ich verstehe genug«, schloss Asano leise.

Lanes Gesicht hatte einen beeindruckenden Rotton angenommen. »Du kleiner Scheißer!«, presste er durch zusammengebissene Zähne hervor. Er hatte einen Moment gebraucht, um die Worte zu formen. Er stach dem Doktor mit dem Finger in die Brust. »Wenn du glaubst, dass du mir das versauen kannst, irrst du dich aber gewaltig. Du bist hier ein Niemand. Wenn du nicht tust, was ich dir sage …«

»Lane.«

»Was?!«, knurrte der Detective und wirbelte zu David herum. Dieser zeigte einfach nur mit dem Daumen über seine Schulter in den Konferenzraum, wo Rogers bewegungslos neben dem Telefon an der Wand stand. Den Hörer hielt er an sein Ohr und seine Finger schwebten über den Tasten. David hatte Lane noch nie so aufgebracht gesehen und das fühlte sich verdammt gut an. Doch unter der ungemeinen Befriedigung und dem Stolz auf sein Team, den er in diesem Moment empfand, war er ebenso besorgt. Es würde ein böses Ende nehmen, dass sie Lane so weit getrieben hatten.

»Wir wollen nichts überstürzen, Rogers.« David sah Lane an. »Es sei denn, Sie finden den Weg zurück zu Ihrer eigenen Abteilung nicht mehr, Detective.«

»Ich schwöre dir, Krause«, knurrte Lane David an, »ich werde diesen Kerl zur Strecke bringen – mit oder ohne deine Hilfe.« Der Detective drehte sich wieder zu Asano um. »Denk gut darüber nach, was du tun wirst, Doktor.« Und damit stolzierte er den Flur hinunter.

»Was für ein Arschloch«, murmelte Richards.

David ließ es ihm durchgehen. Er sah zu Asano und der Doktor erwiderte seinen Blick ruhig.

Richards und Montoya kehrten in den Konferenzraum zurück und das Murmeln ihrer Unterhaltung verblasste zu einem leisen Hintergrundgeräusch.

»Kann ich Sie nach Hause bringen?« David erwartete, dass der Doktor ablehnen würde. Die Frage hing zwischen ihnen in der Luft.

Der Doktor nickte. »Danke. Dann bleiben Sie nicht über Nacht?«

David schüttelte den Kopf. »Nein. Wir sind alle völlig erledigt. Uns richtig auszuschlafen wird uns mehr bringen, als uns noch länger da drin einzuschließen und mit dem Kopf gegen die Wand zu rennen. Ich hole nur noch meine Jacke und dann treffen wir uns in zehn Minuten unten.«

Richards, Montoya und Rogers waren überglücklich, nach Hause gehen zu dürfen. Asano wartete an der Anmeldung und sie gingen Seite an Seite aus der Tür.

Der Fall hing zwischen ihnen in der Luft. David wusste, er sollte nicht nach Details über den Verdächtigen fragen, und Asano wusste, er sollte ihm seine Gedanken nicht mitteilen – und beide wussten, es war besser, nicht anzusprechen, was gerade passiert war. Schweigend stiegen sie ins Auto und David unterbrach die Stille nur, um nach dem Weg zu Asanos Wohnung zu fragen.

Asano hatte sich auf dem Beifahrersitz zurückgelehnt und als David nach ein paar Blocks zu ihm hinüberblickte, war der Doktor eingeschlafen. Die Hände hatte er im Schoß gefaltet. Er hatte dunkle Ringe unter den Augen, die auch seine Wimpern und die Brille nicht ganz verbergen konnten. Er war als gefasster und cooler Profi in den Wagen gestiegen, doch unter den vorbeiziehenden Lichtern der Straßenlaternen wirkte er jung und zerbrechlich und David fragte sich, woher er die Fassung und Stärke nahm, die er Tag für Tag zur Schau trug, wenn sich unter dieser Fassade das hier verbarg.

In der Stille des Wagens, die nur von Asanos leiser Atmung erfüllt wurde, hatte David das Gefühl, sein Vertrauen zu haben.

Er war vergessen, aber doch ein Teil seiner Welt, und darin lag ein gewisser Frieden, ein Loslassen, das nach den vergangenen Tagen eine Befreiung war. In der Zeit, die es dauerte, die Wohnung zu erreichen, war er das Zentrum eines sehr kleinen Universums, das nur daraus bestand, dass er seine Begleitung sicher nach Hause brachte, und aus der leisen Melodie der Scheibenwischer. Es schien alles so einfach.

Der Apartmentkomplex war klein, eine dicht gedrängte Ansammlung von Gebäuden, die sich über nur einen Block erstreckte, aber dennoch hatte man Platz für einen kleinen Anwohnerparkplatz gefunden. Asano rührte sich und setzte sich auf, als David auf einen freien Parkplatz fuhr und den Wagen auf Parken stellte. David hatte den Doktor noch nie so schutzlos gesehen wie in diesem ersten Moment, als er ihn über die Sitze hinweg anblickte. Der Mann erinnerte David an eine zerbrochene Vase, die zwar sorgsam zusammengeklebt worden war, deren Risse aber dennoch deutlich zu erkennen waren.

Asano löste den Sicherheitsgurt und der Moment war vorüber – vielleicht hatte er ihn sich auch nur eingebildet. »Danke fürs Mitnehmen.« Seine Stimme war rau, er räusperte sich und rieb sich die Augen. »Und danke, dass Sie den Verdächtigen vorhin in Schutz genommen haben.«

Und auch dafür, dass ich Sie in Schutz genommen habe? Nein, David konnte sich nicht vorstellen, dass das impliziert war. »Ich habe nur meine Arbeit gemacht.« Das war vielleicht eine sehr knappe Zusammenfassung der Wahrheit, aber es war doch die Wahrheit.

»Sie sollten mal rausfahren und sich Gabriel selbst ansehen.«

Die Scheibenwischer quietschten auf der inzwischen trockenen Scheibe und David schaltete sie aus. »Sollte ich das?«

Asano nickte. »Sie haben die richtige Entscheidung getroffen, als Sie darum gebeten haben, seine Zurechnungsfähigkeit untersuchen zu lassen. Sein Zustand hat sich verschlechtert.«

»Das kann ich mir kaum vorstellen.«

»Ich weiß, dass Sie sehr beschäftigt sind, aber Sie setzen sich doch schließlich für ihn ein. Ihre erste Einschätzung war richtig.«

David musterte Asano für einen Moment, bevor er den Kopf schüttelte. »Ich setze mich nicht für ihn ein. Ich setze mich dafür ein, das Richtige zu tun.« Er blickte dem Doktor in die Augen. »Wenn er sich je wieder fangen sollte, werde ich mich dafür einsetzen, dass er für lange Zeit ins Gefängnis kommt.«

Asano hielt seinem Blick stand. »Ich verstehe.«

»Ich bin nicht Polizist geworden, weil ich gerne eine Waffe trage«, erklärte David. »Ich bin Polizist, weil ich davon überzeugt bin, dass das System funktioniert, wenn gute Leute es aufrechtzuerhalten. Es ist nur so gut wie das, was wir daraus machen.«

Das Deckenlicht ging an und blendete ihn, als Asano die Tür öffnete und einen Fuß in die Dunkelheit stellte. »Es wäre schön«, sagte er, »wenn jeder Polizist so denken würde.«

»Ich fechte gerne aussichtlose Kämpfe aus.«

Asano schnaubte leise und griff nach seinem Aktenkoffer, der zu seinen Füßen stand. »Daran habe ich nicht den geringsten Zweifel, Detective.«

»Warum nennen Sie mich nicht David?« Er blickte hinüber, während er das sagte, und wusste nicht, wie er das Lächeln deuten sollte, das Asanos Lippen umspielte.

»Ich denke, wir sollten uns auf die berufliche Ebene beschränken, meinen Sie nicht?«

David lachte. Das Geräusch fühlte sich seltsam an nach der harten Arbeit und den Sorgen der vergangenen Tage. »Absolut, Doc.« Asanos Lächeln veränderte sich leicht, sodass es ein wenig aufrichtiger wirkte. Dann stieg er aus dem Wagen, schloss die Tür und ließ David in der Dunkelheit zurück.

***

Wie sich herausstellte, hatte der Doktor die Wahrheit gesagt. Am nächsten Tag traf das offizielle Gutachten ein und alle drei Ärzte, inklusive Asano, hatten den Verdächtigen als unzurechnungsfähig eingestuft. Solange sich sein Zustand nicht dramatisch verbesserte, würde er nicht angeklagt werden.

Und als er an diesem Abend nach einem weiteren langen Arbeitstag im Bellevue stand und die abgemagerte Gestalt des dunkelhaarigen Mannes sah, der ans Bett gefesselt war, verstand

David auch, warum. Gabriel war ruhig. Er war nicht sediert, sondern apathisch. Seine Wangenknochen traten deutlich unter der gespannten Haut hervor. Eine Infusion in seinem Arm hielt ihn am Leben. Dort drinnen gab es nichts, was man hätte anklagen können, nur einen Körper, der weiterlebte, weil er für alles andere einfach noch zu jung war. David versuchte, das Gesicht einzuordnen, und stellte ihn sich in Uniform vor, aber er glaubte nicht, dass sie sich jemals begegnet waren.

Letzte Nacht hatte er dem Doktor die Wahrheit erzählt – er wollte, dass der Verdächtige mit aller Härte des Gesetzes angeklagt wurde. Aber nicht diese leere Hülle eines Mannes. Was war nur geschehen? Als David ihn das letzte Mal gesehen hatte, war er aggressiv gewesen und gesund genug, um mit zwei Wachmännern fertigzuwerden. Die Berichte des Doktors und seine eigenen Hinweise hatten das vage Bild eines jungen Mannes mit einem abwesenden Vater gezeichnet. Die Besessenheit von einem Idealbild.

War das Gabriels Vorstellung von Liebe?

War das Liebe?

Davids Telefon klingelte und das Brummen in seiner Tasche riss ihn aus seinen Gedanken. Vielleicht sollte sich einfach jeder einen Hund zulegen. »Krause.« Er wandte sich vom Beobachtungsfenster ab, als er am anderen Ende der Leitung nur jemanden atmen hörte, und nahm das Telefon vom Ohr, um die Nummer des Anrufers zu prüfen. Eine Kälte, die nichts mit den weißen Krankenhauswänden zu tun hatte, erfasste ihn. »Richards? J. R., rede mit mir!«

Es wurde leise geflucht. »Entschuldigung«, sagte Richards. »Ich …« Ein Schlag war zu hören und dann ein Stöhnen. »Es geht um Lane.« Der Name reichte, dass ihm das Blut in den Adern gefror. David hatte bereits den Raum verlassen und war auf dem Weg den Flur hinunter. Er rannte fast, als er sich an einer Schwester vorbeidrängte.

»Lane war auf dem Parkplatz. Er hat Doktor Asano den Arm auf den Rücken gedreht und ihn gegen die Wand gedrückt. Er hat … er hat dem Doktor die Hose runtergezogen.« Richards sog scharf den Atem ein und murmelte »Scheiße, tut das weh!«, bevor er fortfuhr: »Ich denke, er wollte versuchen … oder war dabei …«

»Das reicht!« Vergewaltigung. Oder zumindest versuchte Vergewaltigung. David warf sich mit der Schulter gegen die Eingangstür und stolperte in die Nacht hinaus. Es hatte zum ersten Mal in dieser Woche nicht geschneit und nach dem kurzen Regenschauer vergangene Nacht fing der Schnee endlich an zu tauen. Er rannte über den Parkplatz. »Was ist passiert?«

»Ich hab mich auf ihn gestürzt, Sir.« Richards' Lachen klang erschöpft und ein wenig hysterisch. »Ich wusste nicht, was ich sonst machen sollte. Er hat mich gegen die Wand geworfen, aber ich habe ihn lange genug festgehalten, dass der Doktor wegrennen konnte.«

»Herr im Himmel, Richards!« Er konnte später noch stolz auf den Jungen sein. Er schlug die Wagentür hinter sich zu und wechselte das Handy auf die andere Seite, damit er den Schlüssel in die Zündung stecken konnte. »Ist Lane noch da?«

»Er hat mir eine verpasst, als ich ihn losgelassen habe, und ist in sein Auto gesprungen. Was sollte ich machen?«

David fuhr rückwärts aus der Parklücke. Asano musste auf dem Weg nach Hause sein. Da das Revier keine Option für ihn war, wäre die schlaue Entscheidung, sich einen Ort zu suchen, an dem er sich hinter einer verschlossenen Tür verschanzen konnte. »Ist was gebrochen?«

»Ich glaube nicht.«

»Dann geh nach Hause. Ich kümmere mich schon um Lane.« David legte auf und warf das Handy gerade noch rechtzeitig auf den freien Beifahrersitz, um die immer noch nasse Kurve der Krankenhausausfahrt viel zu schnell zu nehmen. Er verzichtete darauf, die Sirene einzuschalten, und hoffte einfach, dass ihm zwischen hier und Asanos Wohnung kein Streifenwagen begegnen würde.

Lane hatte endgültig den Verstand verloren. Vergewaltigung? David schlug mit der Handfläche aufs Lenkrad. Er hatte immer gewusst, dass der Mann mit unfairen Mitteln kämpfte, dass er alles einsetzte, was ihm zur Verfügung stand, um zu bekommen, was er wollte – aber das hier? Ein Teil von David wusste, dass er das Arschloch anzeigen sollte, dass er den offiziellen Weg gehen sollte. Aber er wusste auch, dass er mit einer offiziellen Anzeige nicht durchkommen würde. Die Angelegenheit würde nur unter Papierkram begraben werden.

Es war an der Zeit, andere Saiten aufzuziehen.

Auf dem Parkplatz des Doktors war alles ruhig. David entdeckte eine Parklücke im hinteren Bereich, der im Dunkeln lag, und stellte den Motor ab. Lane war nicht hier, aber es war unmöglich zu sagen, ob er es vielleicht schon gewesen war. David stieg aus und hatte gerade die Tür geschlossen, als er die Reflektion von Blaulicht auf der anderen Straßenseite bemerkte. Er duckte sich und stieß zusammen mit einer weißen Atemwolke einen Fluch aus. Einen Augenblick später erhellten Scheinwerfer den Parkplatz. Er hatte gerade genug Zeit, um sich in Position zu begeben.

Als Lane seine Autotür öffnete, war er zur Stelle, packte den Detective an Arm und Kragen und nutzte dessen eigene Vorwärtsbewegung, um ihn mit dem Kopf voran gegen das nächste Auto zu werfen. Ein Schmerzensschrei mischte sich mit dem Knirschen von Metall und Lane brach im Schneematsch zusammen. Sein Auto piepste leise, weil die Wagentür noch offen stand, und David schlug sie zu, während er gleichzeitig Lane in die Rippen trat. Der Mann stöhnte unter dem Aufprall. »Wenn du ihn noch mal anfasst«, knurrte David und beugte sich zu ihm hinunter, »oder irgendjemand anders, schwöre ich bei Gott, dass es das Letzte sein wird, was du tust!« Er trat zurück, in der Hoffnung, dass das reichen würde, doch er bezweifelte es.

Lane stützte sich mit einer Hand ab und kam auf die Füße. Sein flacher Atem bildete in der Kälte kleine Wölkchen. Sein Hemd war ihm aus der Hose gerutscht und inzwischen war es zur Hälfte mit kaltem, dreckigem Wasser vollgesogen. Auch seine Krawatte hing schwer und schlaff herab. Er stand kaum, als er sich schon nach vorne warf. Immer noch benommen von seiner Begegnung mit dem Auto war er jedoch zu langsam. David duckte sich unter einem ungestümen Schlag weg, der ihm einen neuen Atemweg beschert hätte, wenn er ihn erwischt hätte, und verpasste Lane einen Schlag in die Eingeweide, wo ihn erst vor einer Minute sein Tritt getroffen hatte. Lane keuchte überrascht auf und krümmte sich zusammen. David holte erneut aus. Seine Faust schlug in Lanes Gesicht und seine Knöchel trafen seine Zähne. Lane stolperte zur Seite und stützte sich am Kofferraum seines Autos ab.

»Sag mir, dass du mich verstanden hast!«, keuchte David und hielt sich seine schmerzende Hand.

Lane spuckte Blut und fluchte: »Verpiss dich!« Er griff erneut an und dieses Mal stand er zu nah und David war zu überrascht von der Tatsache, dass der Mann sich immer noch so schnell bewegen konnte. Lane packte ihn und warf ihn hart genug gegen den nächsten Wagen, dass die Nacht plötzlich von Sternen erhellt wurde. Der Detective warf seine wuchtige Masse von hinten auf ihn und er konnte das Blut in seinem Atem riechen. »Bist du eifersüchtig, weil du nicht die ganze Aufmerksamkeit bekommst?«, röchelte Lane und die Worte strichen heiß über Davids Ohr. »Vielleicht ist es nicht der Doktor, dem ich eine Lektion erteilen muss. Ich hab dich schon immer gehasst, Krause. Immer steckst du deine Nase in Angelegenheiten, die dich nichts angehen.«

»Eine meiner besseren Eigenschaften«, presste David durch zusammengebissene Zähne hervor. Er warf den Kopf zurück und hörte das Knirschen von brechenden Knochen. Mit einem Mal konnte er wieder atmen, als Lane zurückstolperte, bis er gegen sein eigenes Auto stieß, und sich die Nase hielt. Blut lief zwischen seinen Fingern hervor. In dem schwachen Licht wirkte es schwarz.

»Ich bring dich um!«, knurrte er undeutlich. Sein Atem war nur noch ein schweres Grunzen.

David keuchte durch zusammengebissene Zähne: »Versuch's doch!« Er stand mit erhobenen Fäusten da, um Lane dazu zu provozieren, seinen Worten Taten folgen zu lassen. Lane kümmerte sich nicht um viele Dinge, aber er verstand die Sprache von körperlicher Gewalt. Das Recht des Stärkeren.

Eine lange Minute verging in Stille. Die einzigen Geräusche waren vorbeifahrende Autos oder gelegentlich eine Tür, die zugeschlagen wurde. Es hatte angefangen zu graupeln.

Endlich wandte sich Lane ab, riss die Autotür auf und hinterließ blutige Schlieren am Griff und am Fenster, während er sich ins Innere hievte. David legte eine Hand auf die Tür, bevor sie sich schließen konnte, und lehnte sich hinein. Er wurde unterbrochen, als über ihnen ein Fenster aufgerissen wurde.

»Ich rufe die Polizei!«

»Verfluchte Scheiße!«, murmelte er. Dann hob er den Kopf. »Wir sind die Polizei!«, brüllte er zurück. Das Fenster wurde wieder zugeschlagen und er wandte sich Lane zu, der seine bereits angeschwollene Nase vorsichtig mit seiner Krawatte betupfte. »Ich meine es ernst, Lane«, warnte er. Kalter Regen lief ihm in den Nacken.

»Scheiße noch mal, ich hab dich schon verstanden!«, zischte Lane, aber sein Kampfgeist war verflogen. Seine Schultern waren zusammengesackt und sein Mund zu einem Schmollen verzogen. Blut tropfte auf sein Hemd und bildete rote Rosen auf dem nassen, weißen Stoff. Er würde seine Niederlage nicht in Würde hinnehmen, aber das musste er auch nicht, solange er sie hinnahm. Er nickte.

»Benimm dich.«

David trat zurück und Lane griff nach der Tür und schlug sie zu. Es lag ein gewisser Triumph in der Endgültigkeit dieses Geräuschs, das sich in dem Pochen in seinen Fingerknöcheln widerspiegelte. David machte einen Schritt zurück und sah Lane nach, als dieser vom Parkplatz fuhr. Er schlug seinen Kragen hoch und stand noch einen Augenblick da und blickte zum Gebäude auf.

Er fühlte sich gut. Lebendig. Bereit für einen neuen Tag.

Mit einem zufriedenen Lächeln auf den Lippen ging er zu seinem eigenen Wagen und machte sich auf den Heimweg. Der Graupel hielt nicht lange an – gerade lange genug, um alles mit einer dünnen Eisschicht zu überziehen und die Verkehrspolizei am nächsten Tag auf Trab zu halten. Dann schneite es wieder. Doch die Sonne kämpfte sich durch die weichen Flocken und machte die Kälte ein wenig angenehmer.

***

Natürlich war das Letzte, wofür David dankbar war, als er auf dem Parkplatz des Reviers vor seinem zugefrorenen Auto stand, dass die Luft warm genug war, um atmen zu können. Er schlug gegen eine vereiste Scheibe und rieb sich dann die Hände, bevor er gegen einen Reifen trat. »Blödes Wetter!«

»Soll ich Sie mitnehmen?«

David war so damit beschäftigt gewesen, sein eigenes Auto zu misshandeln, dass er nicht gehört hatte, wie ein anderes hinter ihm gehalten hatte. Er blickte über seine Schulter und entdeckte Asano, der sich vorgebeugt hatte, um aus dem Beifahrerfenster einer roten Limousine zu blicken. David verzog ertappt das Gesicht. »Nein, danke.« Er drehte sich um, um erneut am Türgriff zu ziehen.

Das Lachen, das seine Antwort hervorrief, vertrieb seine schlechte Laune und als der Doktor hinzufügte: »Hier drin ist es kuschelig warm, fast schon *zu* heiß«, reagierte David mit einem tonlosen Lachen.

Er ließ seinen Wagen stehen, ging hinüber, stützte seine Arme in das offene Fenster und steckte den Kopf hinein. Der Doktor musste selbst gerade erst eingestiegen sein. Sein Gesicht war von der Kälte gerötet. Über seine rechte Wange zogen sich oberflächliche Kratzer, die bereits verheilten. Doch David kommentierte sie nicht. »Sie haben ja wirklich ein Auto. Ich hatte schon die Theorie, dass Sie vielleicht nur ein Schmarotzer sind.«

Asano lächelte. »Ich habe Ihnen doch gesagt, ich habe eins.«

»Das haben Sie.« Er klopfte auf die Innenseite der Tür. »Und wohin wollen Sie und dieser heiße Schlitten mich entführen? Eigentlich bräuchte ich nur einen Eispickel, aber wenn Sie eine bessere Idee haben …«

Asano lachte. »Ich dachte, ich komme auf Ihr Angebot eines richtigen Kaffees zurück.«

David hob eine Augenbraue. »Also muss ich zahlen?«

»Genau.« In den Augen des Doktors stand immer noch ein Lächeln.

»Lassen Sie mich nachdenken.« Mit einem Grinsen schüttelte David den Kopf, richtete sich auf und blickte in den aufklarenden Himmel. Er lachte, öffnete die Tür und stieg ein. »Sie sind ein harter Verhandlungspartner, Doc.« Erneut lächelte Asano und dieses Mal war sein Gesichtsausdruck entspannt genug, dass David durch die Risse den Mann darunter sehen konnte.

»Warum nennen Sie mich nicht Katsuya?«

David lehnte sich mit einem Lächeln zurück. »Abgemacht.«

Remember tomorrow

Kapitel 1

»Wie geht es Ihnen?«, fragte Katsuya mit sanfter Stimme – denselben Tonfall, den er immer benutzte, wenn er mit Gabriel sprach, als würde eine lautere Stimme den fragilen Mann zerbrechen lassen.

Gabriel nickte nur. Er stand am Fenster. Seine einst imposante Gestalt war nun nur noch ein Schatten ihrer selbst. Seine Lippen waren blass und aufgesprungen, seine Haut hatte ihren Glanz verloren. Unter den gnadenlosen Halogenlampen, die nichts verbargen, sah er schrecklich aus. Er wirkte, als sei er dem Tode nah.

»Ich habe gehört, Sie haben wieder aufgehört zu essen«, sagte Katsuya und nahm auf einem Stuhl neben dem Bett Platz. »Setzen Sie sich und reden Sie mit mir.«

Katsuya klopfte auf das Bett. Nachdem er einige Augenblicke darüber nachgedacht hatte, schlurfte Gabriel herüber und setzte sich. Seit er ihn vor einer Woche zuletzt gesehen hatte, hatte Gabriel so viel Gewicht verloren, dass seine Augen hervorzuquellen schienen.

»Ich will keine Pillen mehr nehmen«, erklärte Gabriel schließlich. Seine Stimme war leise, fast wie die eines Kindes. »Davon geht es mir auch nicht besser.«

»Sie werden Ihnen helfen ...«

»Nein, sie helfen nicht!«, beharrte Gabriel nun lauter. »Und sie lassen mich Vater vergessen.«

In seinen großen Augen schimmerten Tränen.

»Ich schlafe und schlafe ... und wenn ich aufwache, kann ich mich nicht an Vater erinnern.«

Die erste Träne kullerte aus seinem Augenwinkel und lief über seinen scharf hervortretenden Wangenknochen. Am Kinn blieb der Tropfen für einen Moment hängen, bevor er fiel.

»Werden Sie mir helfen? Bitte, machen Sie, dass die aufhören ...«, flehte Gabriel und seine Stimme verkam zu einem Flüstern, während er sprach. Sein Körper erzitterte und er kniff die Augen zusammen. Schluchzer drohten, ihn zu ersticken, wie bei einem Kind, das nicht weiß, wie man seine Gefühle zurückhält. Er weinte. Das mit anzusehen und zu hören war herzerweichend. Katsuya stand auf und nahm ihn in die Arme.

»Ich werde Sie nicht anlügen und behaupten, dass die Medikamente Sie gesund machen«, sagte Katsuya sanft – ein seltsamer Kontrast zu Gabriels harten Schluchzern. »Aber um diesen Schmerz zu überwinden, müssen Sie Ihren Vater loslassen.«

Katsuya strich ihm beruhigend übers Haar. »Er würde nicht wollen, dass Sie so ein Leben führen.«

Gabriel hob die Arme und schlang sie um Katsuyas Taille. Seine Hände krallten sich in Katsuyas Hemd. Sein Gesicht war an Katsuyas Brust vergraben. Das Schluchzen hatte nachgelassen, aber die Tränen flossen immer noch und durchnässten sein Hemd.

»Ich wünschte ... wir hätten mehr Zeit miteinander gehabt«, sagte Gabriel mit brüchiger Stimme. »Ich wünschte ... er würde mir wieder und wieder sagen, wie sehr er mich liebt ... Ich wünschte ...«

Gabriel atmete tief ein und wieder aus. Als er weitersprach, zitterte seine Stimme nicht mehr.

»Mit jedem Tag, der vergeht, vergesse ich ein bisschen mehr, wie er klingt ... wie er aussieht ... Ich glaube, es wird schlimmer sein als der Tod, wenn ich eines Tages aufwache und mich nicht mehr an ihn erinnern kann ...«

»Ich verstehe«, antwortete Katsuya. »Aber es muss doch noch mehr geben, für das es sich zu leben lohnt. Sie sind noch jung. Der letzte Wunsch Ihres Vaters war, dass Sie weiterleben, erinnern Sie sich?«

»Ich will nicht ... Ich will dieses Leben nicht ... Aber ich brauche ihn in meinem Kopf wie die Luft zum Atmen. Wenn er mich verlässt ...« Gabriel unterdrückte das Schluchzen, das ihn erneut zu überwältigen drohte.

»Werden Sie mich zu ihm führen? Ihn nach Hause bringen, damit Sie ihn jederzeit besuchen können, wenn Sie das Gefühl haben, ihn zu vergessen?«

Katsuya erhielt keine Antwort auf seine Frage. Er hatte auch keine erwartet. Gabriel klammerte sich immer noch an seinen Vater Uriel. Aber vielleicht würde er eine verblassende Erinnerung gegen etwas anderes eintauschen, auch wenn es unwahrscheinlich war.

»Ich kann nicht«, kam schließlich die Antwort. Gabriel löste sich aus der Umarmung und trat zurück. Er wischte sich mit dem Ärmel die Tränen weg.

Katsuya nickte nur. Er setzte sich wieder auf den Stuhl.

»Werden Sie es mir eines Tages erzählen?«

Gabriel starrte schweigend auf den Ring an seinem Finger. Er blieb stumm. Katsuya wartete geduldig.

»Eines Tages ...«, wiederholte Gabriel ohne aufzusehen. »Wenn ich bei ihm sein muss.«

»Das ist nicht das, was ich will«, widersprach Katsuya. Er legte seine Hand auf Gabriels. »Ich will, dass Sie sich daran erinnern, was Ihr Vater für Sie wollte ... dass Sie ein guter Mensch sind. Dass Sie leben.«

»Bin ich aber nicht«, widersprach Gabriel. Er sah auf. Seine Augen waren gerötet und schimmerten feucht. »Ich bin kein guter Mensch. War ich nie. Ich bin nur am Leben, weil ich ein Feigling bin. Wenn der Tag kommt, an dem ich genug Mut habe, um bei meinem Vater zu sein, werde ich Ihnen alles erzählen. Aber jetzt ... will ich ihn nicht verlieren.«

»Das haben Sie nicht.«

»Vater hat mir das Fahrradfahren beigebracht«, erzählte Gabriel in einem glücklichen Tonfall. Ein Lächeln breitete sich auf seinem Gesicht aus, während er sprach, obwohl die Tränen weiterflossen. »Auf einem schwarz-blauen BMX-Rad, das wir auf einem Flohmarkt gefunden hatten. Wir haben tagelang daran gearbeitet. Ich bin immer wieder hingefallen, aber das war immer noch besser als die Stützräder. Damit konnte ich mich doch nicht sehen lassen. Und Vater hat mir immer wieder hochgeholfen …«

Katsuya hörte genau zu, ohne eine Regung zu zeigen.

»Mutter war so wütend. Meine Hosen waren zerrissen und das Shirt zum Wegschmeißen. Aber ich war so glücklich, dass ich ein paar Meter fahren konnte ohne hinzufallen.«

»Gabriel«, sagte Katsuya, nachdem eine lange Pause eingetreten war. Er stand auf. »Ich werde Ihre Medikamente neu einstellen.«

»Danke«, erwiderte Gabriel. Noch immer lag ein Lächeln auf seinem Gesicht.

»Ich komme später noch mal vorbei, um mit Ihnen zu reden«, erklärte Katsuya. »Aber Sie müssen mir versprechen, dass Sie essen und trinken werden, okay?«

Er nickte.

»Wenn ich höre, dass Sie sich weigern …«

»Werde ich nicht«, beteuerte Gabriel schnell.

Katsuya tätschelte Gabriels Schulter und verließ den Raum. Draußen traf er David, der in der Tür des angrenzenden Beobachtungsraums stand und das Gesicht verzog.

»Was sollte das?«, fragte David.

»Die Medikamente haben nicht den gewünschten Effekt«, erklärte Katsuya. »Seine Psychose ist unverändert. Wenn überhaupt, ist sie sogar noch schlimmer geworden.«

»Und was heißt das für mich?«

Katsuya seufzte und bedeutete David, zurück in den Beobachtungsraum zu gehen. Er schloss die Tür hinter sich.

»Wenn Sie meine inoffizielle, ehrliche Einschätzung hören wollen, der Fall wird nicht vor Gericht gehen«, sagte Katsuya und warf einen Blick durch den Einwegspiegel auf Gabriel. »Niemals.«

»Er wird dem Steuerzahler also auf der Tasche liegen, bis er stirbt?«

»Ja.«

Gabriel hatte sich nicht von der Stelle gerührt. Er weinte nicht mehr, sondern starrte unbeirrt aus dem Fenster – völlig reglos, als sei er voll und ganz auf etwas konzentriert, das ihn in seinen Bann zog.

»Er ersetzt Personen aus seinen Kindheitserinnerungen durch seinen Vater. Es war ein älterer Nachbarsjunge, der ihm das Radfahren beigebracht hat. Das ist eine Form der psychologischen Selbstverteidigung. Der Schmerz über den Verlust war unerträglich, also …«

»Er verliert also seinen Verstand, weil seine Psyche versucht, ihn davor zu schützen, den Verstand zu verlieren?«, fasste David zusammen.

»Ja. Es ist eine völlig normale Reaktion auf ein Trauma, sich eine neue Realität zu erschaffen. Aber Gabriel ist in einer Schleife gefangen und ich glaube nicht, dass er sich jemals daraus befreien kann. Normalerweise kann die Psyche einen gewissen Zustand der Normalität wiederherstellen, wenn der Grund für das Trauma beseitigt ist und die Zeit langsam die Wunden heilt.«

»Und was bewirken die neuen Medikamente? Verstärken sie seine Fantasien?«

Katsuya seufzte. »Ich kann nur weiterhin versuchen, ihn zu therapieren, und hoffen, dass er mir eines Tages verraten wird, wo Uriel ist, ohne damit gleichzeitig seinen eigenen Tod anzukündigen. Wenn die Medikamente wirklich sein Langzeitgedächtnis beeinflussen, wie er behauptet, müssen sie neu eingestellt werden, sonst wird er einfach vergessen, wo er Uriel begraben hat.«

Schweigend beobachteten sie Gabriel für eine Weile.

»Sie scheinen sich emotional ziemlich tief in diesen Fall hineinziehen zu lassen«, brach David das Schweigen.

Katsuya lächelte und sah David an. »Ich fühle mit all meinen Patienten, Detective.«

»Ich werde dafür sorgen müssen, dass Sie sich um mich kümmern, wenn der Tag kommt, an dem ich nur noch einen hochkriege, wenn ich bewaffnet bin.«

Katsuyas Lächeln wurde breiter. »Sexuelle Abarten sind nicht gerade mein Fachgebiet«, erwiderte er.

»Wer hat denn von Behandlung gesprochen?«

Es dauerte einen Moment, bis Katsuya diesen Kommentar und Davids Grinsen verarbeitet hatte. Er wusste nicht genau, warum, aber er musste lachen – eine willkommene Abwechslung von der Anspannung, die ihm seit diesem Morgen den Magen umdrehte.

»Lassen Sie einfach Ihre Waffe stecken, Detective«, sagte Katsuya. »Dann wird schon nichts passieren.«

David nutzte den kurzen Moment, in dem Katsuya mit seinem entspannten Lächeln seine Deckung fallen gelassen hatte. »Kann ich Sie mit zurück aufs Revier nehmen? Oder Sie nach Hause bringen?«, fragte er. »Oder … wohin Sie sonst müssen.«

Obwohl es nicht das erste Mal war, dass David sich schamlos angeboten hatte, amüsierte es Katsuya immer wieder. Der gut aussehende Detective hatte viele Verehrerinnen und die meisten machten keinen Hehl aus ihrem Interesse an ihm. Doch auch wenn Katsuya nie gesehen hatte, dass David die eindringlichen Flirtversuche von einigen der forscheren Damen erwiderte, hatte er sie auch nicht gerade zurückgewiesen. David hatte für jeden stets ein Lächeln parat. Das gleiche, das er ihm geschenkt hatte, als er sich an Katsuyas erstem Tag in seinem kleinen Büro mit der Kaffeetasse in der Hand vorgestellt hatte. Vielleicht war seine Einschätzung unfair, aber Katsuya hielt David immer auf einer Armeslänge Abstand, egal wie liebenswürdig er sich auch gab.

»Ich lasse mich von einem Streifenwagen auf dem Revier absetzen«, antwortete Katsuya. »So bin ich auch hergekommen.«

Er zog sich bereits in Richtung Tür zurück. »Sie müssen sehr beschäftigt sein. Und ich bin hier noch mindestens ein oder zwei Stunden mit Gabriels Papierkram beschäftigt.«

Aus keinem besonderen Grund außer dem, dass er sich schuldig fühlte, weil er das Angebot des Detectives als etwas anderes als einen Akt der Freundlichkeit eingestuft hatte, legte Katsuya eine Hand auf Davids Arm und drückte ihn ganz leicht.

»Danke, dass Sie sich um mich sorgen«, sagte Katsuya. Die Worte waren kryptisch und er wusste selbst nicht genau, warum er sie gesagt hatte. Er schenkte David ein Lächeln und wandte sich ab.

»Sie halten mich also immer noch für einen von denen«, stellte David fest. Es war keine Frage.

Sofort hatte Katsuya das Bedürfnis, David zu widersprechen und sich umzudrehen, um seinen Gesichtsausdruck zu sehen. Seine Worte klangen verletzt, aber Katsuya schüttelte das alles ab. Er schuldete niemandem etwas. Er war hier, um seinen Job zu erledigen. Er war nicht hier, um sich in die übertrieben maskuline Subkultur der Polizei einzuordnen, die er nach wie vor abstoßend fand. Und er war auch nicht hier, um Freunde zu finden. Seine Hand ruhte auf dem Türgriff, er öffnete die Tür jedoch nicht sofort.

»Ich denke, Sie bemühen sich zu sehr, Detective Krause«, erklärte Katsuya, ohne sich umzudrehen. »Ich bin es nicht wert, dass Sie Ihre Zeit mit mir verschwenden.«

»Sie kennen mich nicht«, erwiderte David so tonlos, dass Katsuya die Bedeutung seiner Worte nicht herauslesen konnte.

»Entschuldigen Sie mich«, sagte Katsuya und dieses Mal beeilte er sich, aus dem Raum zu kommen. Der hell erleuchtete Flur und die wenigen Mitarbeiter, die Patienten in weiten, weißen Nachthemden begleiteten, brachten ihn schnell in die schmerzhafte Realität zurück. Er atmete tief durch.

Kurz dachte er darüber nach, in den Raum zurückzugehen und sich zu entschuldigen. Vielleicht gehen wir nach der Arbeit mal zusammen auf einen Kaffee, wollte er vorschlagen.

Aber so schnell der Gedanke gekommen war, schüttelte Katsuya ihn auch wieder ab. Er war aus einem anderen Grund hier. Wegen Gabriel. Er fühlte sich wie ein Idiot, weil er nur an sich und sein Verhalten David gegenüber gedacht hatte. Nachdem er noch einmal geseufzt hatte, ordnete er seine Gedanken und ging den Flur hinunter. Er drehte sich nicht um, obwohl er hörte, wie sich die Tür zum Beobachtungsraum öffnete, und spürte, wie David ihm nachschaute.

Er konnte es nicht.

Kapitel 2

In der vergangenen Woche hatte auf dem Revier eine unbehagliche Spannung zwischen Katsuya und David geherrscht. Nachdem sie sich viermal im Flur begegnet waren und sich zweimal mit einem gezwungenen Lächeln auf dem Parkplatz gegrüßt hatten, fasste sich Katsuya ein Herz und brachte eine Tasse Kaffee in Davids Büro.

»Waffenstillstand?«, bot der Doktor an, als er einen weißen Pappbecher mit der vertrauten braunen Manschette auf Davids Schreibtisch stellte.

Seit dem offiziellen Besuch im Bellevue waren zehn Tage vergangen. Obwohl es erst Viertel nach acht am Morgen war, wirkte David zerzaust und müde. Unter seinen Augen lagen dunkle Ringe und ein untypischer Bartschatten zeigte sich auf seinen Wagen und seiner Oberlippe. Seine Ärmel waren ungleich hochgekrempelt und seine Krawatte war gelockert – der Knoten hing unterhalb des zweiten Hemdknopfs.

»Danke«, sagte er und brachte ein Lächeln zustande. Er deutete mit dem Kopf auf den einen der beiden Stühle vor seinem Schreibtisch, auf dem kein Stapel Aktenmappen lag. »Den kann ich wirklich gut gebrauchen ...«

»Der letzte Fall, der Sie so an Ihren Schreibtisch gefesselt hat, war der von Gabriel ...«, begann Katsuya und setzte sich auf die Stuhlkante. Seinen eigenen Kaffeebecher hielt er mit beiden Händen im Schoß.

»So was in der Art«, erwiderte David und prostete Katsuya mit seinem Becher zu, bevor er einen vorsichtigen Schluck trank. »Ich hatte gerade den Wagen geparkt und war die zwei Treppen zu meiner Wohnung hochgestiegen, als der Anruf kam. Dreifachmord in Soho. Eins der Opfer ist ein Cousin dritten Grades des Gouverneurs, also müssen alle ran.«

»Sie haben also seit über vierundzwanzig Stunden nicht mehr geschlafen«, fasste Katsuya zusammen. »Das verstößt sicher gegen die Richtlinien ...«

David lachte. »Es gibt nur eine, die verbietet, länger als zwölf Stunden eine Waffe zu tragen. Wenn man den Waffengürtel in die Schublade wirft, kann es die nächsten zwölf Stunden weitergehen.«

»Das tut mir leid«, sagte Katsuya und blickte auf seinen Kaffee hinab. »Dann lasse ich Sie lieber weitermachen, damit Sie das so schnell wie möglich abschließen können ...« Er war im Begriff aufzustehen, als David den Kopf schüttelte und ihm bedeutete, sich wieder zu setzen.

»Es ist schön, Sie zu sehen«, sagte er und setzte sich in seinem Stuhl auf. »Das verschafft mir eine unerwartete, aber willkommene Pause. Ich bin erst vor einer Stunde vom Tatort zurückgekommen. Es tut gut, ein angenehmes Gesicht zu sehen.«

Katsuya setzte sich wieder hin, doch die Unsicherheit stand ihm ins Gesicht geschrieben. Er packte seinen Becher ein wenig zu fest, sodass der Deckel fast abgeplatzt wäre. »Liegt Ihnen dieses zwanglose Flirten im Blut?«

David zog bei dieser Bemerkung eine Augenbraue hoch. »Fühlen Sie sich belästigt?«

»Das habe ich nicht gesagt. Es war nur eine Frage.«

Für einen Moment herrschte Stille, während David über eine Antwort nachdachte. Jede, die ihm in den Sinn kam, mochte eine andere Reaktion hervorrufen. Auch wenn er und der Doktor mehr als einfach nur Kollegen waren – sie hatten sich nach der Arbeit gelegentlich zum Abendessen und auf ein paar Drinks getroffen –, war er sich immer noch nicht sicher, was Katsuya von ihm hielt. Er musste mit Bedacht vorgehen. Aber es war, als würde er vor einem offenen Feld stehen, ohne zu wissen, wo die Tretminen versteckt waren. Er wagte einen vorsichtigen Schritt. »Falls es Ihnen noch nicht aufgefallen ist«, erklärte er, »ich mag Sie.«

Katsuya reagierte nicht sofort negativ auf diese Aussage, was schon mal vielversprechend war. Aber er ging auch nicht auf seinen forschen Sprung ins kalte Wasser ein.

»Verstehe«, sagte er schließlich.

»Jetzt, wo ich eine Ihrer Fragen beantwortet habe, warum beantworten Sie *mir* nicht eine?«, bat David, stellte seinen Kaffee neben seiner Tastatur ab und verschränkte die Hände. Er würde sich einen weiteren Schritt in das Minenfeld vorwagen. »Warum dachten Sie, Sie wären es nicht wert, dass ich meine Zeit mit Ihnen verschwende?«

Katsuyas Kiefer verkrampfte sich. Ein weiteres Mal blickte er auf seinen Becher und wärmte sich daran die Handflächen. Als er wieder aufsah, beobachtete David ihn mit einer undurchschaubaren Intensität, die ihm die Kehle zuschnürte. »Ich hoffe, Sie sind bald mit Ihrer Arbeit fertig, damit Sie sich ein wenig ausruhen können«, murmelte er statt einer Antwort und stand auf. Er schenkte David ein höfliches Lächeln – es war oberflächlich, wie er es für jeden anderen auch parat hielt.

»Haben Sie Angst vor mir?«, fragte David mit kaum verhohlenem Ärger. »Haben Sie Angst, dass ich eins von diesen Arschlöchern bin, die Sie wie Scheiße behandelt haben, als Sie hier angefangen haben?«

»Nein.« Katsuyas Lächeln entspannte sich ein wenig. »Ich weiß, dass Sie ein guter Mann sind. Ich weiß über die Auseinandersetzung zwischen Ihnen und Lane Bescheid. Ich weiß, dass Sie derjenige waren, der ihn bedroht hat.«

»Ach ja?«

»Lane hat es mir gesagt.« Sein Lächeln war jetzt warmherzig und aufrichtig. »Eine Woche später kam er in mein Büro, um sich zu entschuldigen, und hat mir alles erzählt.«

Nach einem Moment des Schweigens sagte David: »Ich weiß nicht, wie es jetzt weitergehen soll. Ich weiß, ich habe eine starke Persönlichkeit. Wenn ich Sie in Verlegenheit gebracht habe …«

»Das ist es nicht«, schnitt Katsuya ihm das Wort ab. »Der Arbeitsplatz ist nicht der richtige Ort, um das zu besprechen.«

»Wie wär's dann mit einem Abendessen?«

»Ich denke, Sie haben Schlaf gerade dringender nötig, Detective.«

»Mit vollem Bauch schläft sich's besser«, entgegnete David. »Ich warte auf Sie. Um fünf in der Lobby.«

Katsuyas unerwartetes Lachen vertrieb die Spannungen im Raum. David grinste triumphierend.

»In Ordnung«, sagte Katsuya. »Ich schätze, ich schulde Ihnen seit Monaten ein Dankeschön. Guten Tag, Detective.«

Er ging, ohne auf Davids Antwort zu warten. David lehnte sich in seinem Stuhl zurück. Sein Lächeln wurde breiter. Vielleicht war das Minenfeld doch nicht so unheimlich.

Nach einigen weiteren Stunden an seinem Schreibtisch gab er sich endgültig der Erschöpfung hin, die ihn zu übermannen drohte. Selbst nachdem er den Kaffee, den Katsuya ihm gebracht hatte, ausgetrunken und noch zwei weitere aus dem Pausenraum hinterhergekippt hatte, machte er einen Fehler nach dem anderen. Als er endlich sein Büro verließ und sich zum Ruheraum schleppte – der eigentlich nicht mehr als ein begehbarer Schrank am Ende des Flurs war –, hatte er nicht einmal mehr die Energie, die Pritsche zu beziehen. Er schlief einfach ein, sobald er sich hingelegt hatte.

Plötzlich schreckte er hoch. Er hatte das nagende Gefühl, dass er etwas Wichtiges vergessen hatte. Draußen war es noch hell – er konnte sehen, wie die Sonne durch die Jalousien fiel. Er zog sein Handy aus der Tasche und warf einen Blick darauf – er hatte nur dreieinhalb Stunden geschlafen. Es dauerte ein paar Minuten, bis sich sein Herzrasen beruhigt hatte. Er war verwirrt, bis es ihm einfiel ...

Katsuya!

Jetzt war er vollends wach, schwang seine Beine über die Kante der Pritsche und schlüpfte in seine Schuhe, während er aufstand. Er hatte noch eine Stunde, um im Umkleideraum schnell zu duschen. In einer braunen Einkaufstüte in seinem Büro hatte er saubere Kleidung, die eine Frau vorbeigebracht hatte, mit der er vor einem Monat ein paarmal aus gewesen war. Aber es waren nur eine Jeans und ein abgetragenes Lieblings-T-Shirt, auf dem der Name seiner Alma Mater kaum noch zu lesen war.

Doch als er die Tür aufschloss und Richards auf ihn zukam, schien dieser innere Monolog, den er mit sich selbst auf dem

Weg zurück zu seinem Büro geführt hatte, plötzlich keine Rolle mehr zu spielen.

»Dr. Asano ...«, begann er.

David zog ihn in sein Büro, bevor er den Satz beenden konnte. »Was ist mit Dr. Asano?« Er warf sein Handy auf den Schreibtisch und fegte damit fast den Stapel mit seinen neuen Fallakten hinunter.

»Er ... hat um halb zwei nach dir gesucht. Ich hab ihm gesagt, dass du im Ruheraum oben schläfst. Also hat er mich gebeten, dir eine Nachricht zu überbringen.«

»Ihr hättet mich anrufen können.«

»Das hab ich ihm auch gesagt, aber er sagte Nein. Ich soll dir ausrichten: ›Ich muss den Termin um fünf leider verschieben. Wir holen das nach.‹«

David musste sich zurückhalten, um Richards nicht zu zeigen, wie wütend ihn diese Nachricht machte. Stattdessen wandte er sich ab und öffnete das Fenster.

»Es tut mir leid«, sagte Richards, der anscheinend das Bedürfnis hatte, sich zu entschuldigen, auch wenn er nicht wusste, wofür.

»Hat er einen Grund genannt?«, fragte David, während er weiter aus dem Fenster sah. Er beobachtete drei Kinder, die um einen Husky-Welpen herumschlichen, der an einem Fahrradständer angebunden war.

»Nein ... Er sagte nur, dass etwas Wichtiges dazwischengekommen sei und dass er früher weg müsse, dass er auch morgen kurzfristig einen Tag freinehmen und dich später anrufen würde«, erwiderte Richards. »Er sagte, dass es ihm leidtut.«

Einer der Jungs, vermutlich der jüngste der Grundschüler, ging vorsichtig näher heran und stupste den Hund mit der Schuhspitze an. Dieser wedelte mit dem Schwanz.

»Ist das alles?«

Richards antwortete nicht sofort. Das Schweigen veranlasste David, über seine Schulter zu blicken.

»Na ja ... Jackson, der Diensthabende, meinte, er hätte gesehen, wie Dr. Asano vorhin von einer Stretchlimo abgeholt wurde.«

»Aha?«

»Er wirkte aufgebracht, als er die Limo sah ...«, fuhr Richards fort, verstummte aber, als er Davids finstere Miene sah.

»Und?«

»Nichts und. Das ist alles«, antwortete Richards. »Es tut mir leid«, fügte er noch einmal hinzu.

»Ist nicht dein Fehler«, versicherte David und machte seiner aufgestauten Anspannung mit einem tiefen Seufzen Luft. Er lehnte sich gegen das Fensterbrett. »Danke für die Info.«

Richards nickte. »Gibt es irgendwas ...«

»Nein«, schnitt David ihm das Wort ab. »Geh nach Hause. Sag auch den anderen, dass sie gehen können. Wir machen morgen früh weiter, wenn die Laborergebnisse da sind.«

Richards ging rückwärts zur Tür, statt sich umzudrehen. »Danke, Sir. Dann bis morgen.«

David hörte nicht, wie er ging. Sein Blick ruhte noch immer auf den drei Kindern, die den aufgeregten Hund jetzt in einem engeren Kreis umrundeten. Als der Besitzer auf sie zugerannt kam und die Jungs anschrie, sodass sie das Weite suchten, wandte er sich endlich ab.

***

»Was zur Hölle machst du hier, David Krause?«, fragte er sich, als er auf den Besucherparkplatz fuhr, der fünfzehn Meter von der braunen Ziegelwand und dem schmiedeeisernen Tor entfernt war, die das Wohngebäude einschlossen, in dem Katsuya lebte.

Er hatte ihn ein paarmal nach Hause gebracht, war aber nie hereingebeten worden. Die schicken, teuren Limousinen auf den zugewiesenen Parkplätzen, der gut gepflegte Rasen, die überladenen Blumenbeete und die Tatsache, dass das Gebäude nur ein paar Blocks vom Central Park entfernt lag, sagten ihm, dass das Apartment nicht billig sein konnte. Die Miete war wahrscheinlich drei- oder viermal so hoch wie das, was er für seine Wohnung in Brooklyn bezahlte – wenn das reichte.

Er wusste, dass Katsuya Geld hatte. Sein Harvard-Diplom, die Designeranzüge und die maßgefertigten italienischen Lederschuhe waren ein sicheres Indiz. Es gab Gerüchte – wahrscheinlich aus der Personalabteilung –, dass er ein reiches Söhnchen war, das sich nach einem Jahrzehnt teurer Ausbildung geweigert hatte, nach Japan zurückzukehren. Es gab die wildesten Spekulationen, warum er einen Einstiegsjob als Psychiater im öffentlichen Dienst angenommen hatte. Diese Theorien hatten schon fast mythische Ausmaße angenommen. Doch als er sah, wie ein paar Meter weiter eine schwarze Stretchlimousine vor dem schmiedeeisernen Tor hielt, schienen sie plötzlich nicht mehr ganz so weit hergeholt. Er hatte über eine Stunde gewartet.

Ein paar Minuten lang stand die Limousine einfach nur mit laufendem Motor am Straßenrand, dann stieg der Fahrer aus, ging um das Auto herum zur hinteren Tür auf der Beifahrerseite und öffnete sie. Katsuya stieg aus. Sein Gesichtsausdruck war unlesbar, während er sein Jackett zuknöpfte. Der Fahrer lehnte sich in den Wagen, um seine Aktentasche herauszuholen, und hielt sie ihm hin. Mit einem kurzen Nicken zur Verabschiedung drehte sich Katsuya um und betrat das Grundstück durch das Fußgängertor an der Seite. Nachdem er außer Sicht war, schloss der Fahrer die Tür, lief wieder zur Fahrerseite und fuhr davon. David prägte sich das Kennzeichen ein, als die Limo vorbeifuhr. Er dachte darüber nach, ihr zu folgen, redete es sich aber aus.

Du benimmst dich wie ein eifersüchtiger Ex ... von jemandem, mit dem du nicht mal zusammen bist.

***

Am nächsten Tag wartete Katsuya in einem braunen Pullover und hellbraunen Hosen vor seiner Bürotür auf ihn. Mit einem einzigen Blick verstand er plötzlich alles. Es war eine Gabe – eine, die ihn die Karriereleiter hochgepusht hatte, bis er sich einen Monat vor seinem dreißigsten Geburtstag für die Mordkommission entschieden hatte.

»Morgen«, sagte er, während er seinen Blick über die anderen Arbeitsplätze schweifen ließ und seine Schlüsselkarte in die Tür schob. Am anderen Ende des Büros saßen drei Detectives vor ihren Laptops. Die meisten Schreibtische waren noch unbesetzt.

Katsuya schwieg. Er folgte David in sein Büro und wartete, bis er die Tür geschlossen hatte, bevor er das Wort ergriff. »Dachten Sie, ich würde Ihr Auto nicht erkennen?« Seine Stimme war angespannt.

David seufzte und setzte sich auf seinen Stuhl, um so eine sichere Distanz zwischen sich und den wütenden Doktor zu bringen, bevor er sich entschieden hatte, wo er anfangen sollte. »Ich habe gehört, Sie waren aufgebracht, als Sie abgeholt wurden ... von wem auch immer. Ich wollte nur sehen, ob es Ihnen gut geht.«

»Wirklich niemand in diesem Polizeirevier respektiert die Privatsphäre anderer.«

»Sie arbeiten mit Polizisten zusammen«, entgegnete David. »Uns entgeht nichts und wir kümmern uns um unsere Leute.«

Katsuyas Mundwinkel verzog sich nach oben, aber David wusste, dass das nicht aus Belustigung war. »Ich würde jetzt gerne einen unfairen, bissigen Kommentar über Sie abgeben, aber mir ist klar, dass jeder einzelne von Ihnen einen leichten Heldenkomplex hat. Das hat sie in dieses Berufsfeld gezogen. Es ist jedoch lächerlich anzunehmen, dass ich wie Sie bin, nur weil ich hier arbeite. Ich denke, Sie wissen sehr genau, was ich von Ihrer geheimen Subkultur halte. Sie ist kindisch und ...«

»Es tut mir leid, ich habe gestern eine Grenze überschritten«, sagte David, als Katsuya seinen Gedanken nicht zu Ende brachte. Er wusste, wo das hinführte, und die Situation war vermutlich nicht mehr zu retten. Aber wenigstens konnte er versuchen zu verhindern, dass Katsuya ihn hasste. »Ich war wirklich besorgt.«

»Sie meinen, neugierig«, entgegnete Katsuya. »Sie wollten wissen, warum ich Sie versetzt habe.«

David legte den Kopf schräg und zuckte mit den Schultern. Das konnte er nicht leugnen. Er wusste, es würde sich lächerlich anhören, wenn er versuchte, seine nicht ganz so ehrenwerten Motive zu verteidigen. »Es tut mir leid«, sagte er noch einmal.

»Ich glaube, Sie sollten die Angebote der Männer und Frauen, die so unwiderstehlich von Ihnen angezogen werden, annehmen«, schlug Katsuya vor. »*Die* müssen sie nicht stalken. Sie rennen Ihnen ohnehin hinterher.«

»›Stalken‹ ist ein starkes Wort«, erwiderte David. »Es tut mir wirklich leid. Sagen Sie mir, wie ich das wiedergutmachen kann.«

»Entschuldigung angenommen«, erklärte Katsuya. »Aber ich denke, es ist besser, wenn wir uns auf das Berufliche beschränken und uns nicht in die Privatangelegenheiten des anderen einmischen.«

»Weil Sie denken, Sie sind es nicht wert, dass ich meine Zeit mit Ihnen verschwende? Oder weil Sie mich doch schlicht und einfach nicht leiden können?«

»Ja«, war alles, was Katsuya sagte, bevor er sich abwandte und das Büro verließ.

Kapitel 3

Sobald er die Tür hinter sich geschlossen hatte, fühlte er sich schlecht, als wäre ihm eine Welle aus Schuldgefühlen aus Davids Büro gefolgt, die sich, während er dort stand, in einer Pfütze zu seinen Füßen sammelte. Er dachte darüber nach, zurück ins Büro zu gehen und sich zu entschuldigen. Er hasste David nicht, und auch wenn ihn sein oft sexuell aufgeheiztes Flirten manchmal aus dem Konzept brachte, störte es ihn nicht. Manchmal fand er es sogar ganz niedlich. Während seiner Zeit in Harvard hatte er nur zwei Beziehungen gehabt und beide hatten nur ein paar Monate gehalten. Mit David zusammen zu sein erinnerte ihn daran, dass er sich nach Feierabend, am Wochenende und an den Feiertagen nach Gesellschaft sehnte.

Er schüttelte den Kopf, als wollte er so seine Gedanken ordnen. Er rief sich in Erinnerung, dass das, was David getan hatte, inakzeptabel war, auch wenn er gute Absichten gehegt hatte. Das Handy in seiner Tasche vibrierte und riss ihn aus seinem inneren Konflikt. Er las die auf Japanisch geschriebene Nachricht.

Baccarat Hotel, Großer Salon. Sie wartet dort bereits auf dich.

Katsuya starrte die Nachricht an und las sie noch einmal, um der Versuchung zu widerstehen, sie einfach zu ignorieren, so zu tun, als hätte er sie nie gelesen, und sich für den Rest des Tages in einem Café zu verstecken. Dieser kleine Anflug von Rebellion klang in seinem Kopf gut, doch er wusste, dass die Konsequenzen ihn noch jahrelang verfolgen würden.

Zwanzig Minuten, antwortete Katsuya auf Japanisch. Er drückte den Rücken durch und beobachtete, wie vier Detectives mit Kaffeetassen aus dem Pausenraum in die Abteilung kamen. Zwei von ihnen murmelten: »Guten Morgen.« Er lächelte ihnen zu, als er an ihnen vorbeiging, und wünschte ihnen einen schönen Tag.

Als er am Hotel ankam, hatte er noch zwei Minuten. Während er aus dem Taxi stieg, sah er, dass sein Cousin vor der Tür auf ihn wartete. Der Ärger stand ihm ins Gesicht geschrieben. Seine Miene verfinsterte sich weiter, als er sah, wie leger Katsuya gekleidet war.

»Willst du diesen ersten Eindruck hinterlassen?«, fragte Haruki und zerrte ihn am Arm hinter sich her. »Du hast Dutzende von Anzügen und für so ein wichtiges Treffen hast du dich für einen Pullover entschieden?«

»Dieses Treffen ist für dich und Großvater wichtig«, stellte Katsuya klar, »nicht für mich.«

»Das stimmt, aber was für Großvater wichtig ist, ist auch für dich wichtig.«

Katsuya schluckte den bissigen Kommentar hinunter, der ihm fast über die Lippen gekommen wäre. Er wusste, das würde nur zu unnötigen Diskussionen führen. Er nickte und folgte Haruki durch die Lobby zum Restaurant.

»Bist du immer noch wütend, weil Großvater unangemeldet an deinem Arbeitsplatz aufgetaucht ist?«

»Nein. Ich bin wütend, weil er beschlossen hat, in einer Stretchlimousine vor dem Revier aufzutauchen und drei Parkplätze in Beschlag zu nehmen, die für Polizeiautos reserviert sind, und dann den Chauffeur zu schicken, um mich von der Arbeit wegzuholen.«

Haruki blickte amüsiert über seine Schulter. »Wenn du nach deinem Abschluss nach Hause zurückgekommen wärst ...«

»Wenn ich das getan hätte, hätte Großvater irgendwie dafür gesorgt, dass ich Japan nie wieder verlassen kann.«

»Das stimmt«, bestätigte Haruki. »Er lehnt deinen Beruf entschieden ab.«

»Und doch durfte Vater seine Praxis eröffnen und nach seinem Studium in Österreich ein unbehelligtes Leben führen ...«

»Er hat eine Praxis«, erinnerte ihn Haruki. »Du hast einen Einstiegsjob bei der Polizei und siehst dir für einen Hungerlohn Bilder von Toten an und verhörst Kriminelle.«

»Es geht nicht ums Geld. Ich will Erfahrungen sammeln, die man mit Geld nicht kaufen kann.«

Haruki blieb plötzlich stehen. Sie waren ein paar Meter vom Salon entfernt. Er drehte sich um und trat auf ihn zu. »Das weiß ich doch«, sagte er und bürstete lächelnd Katsuyas Schultern ab. »Großvater und ich wollen doch nur dein Bestes.«

»Indem ihr mich zwangsverheiratet?«

Haruki kicherte. »Das sind keine Heiratsverhandlungen.«

»Na klar. Aber er will mich mit der Tochter eines Geschäftspartners verkuppeln, bevor sie jemand anders heiraten kann.«

Haruki seufzte, lächelte aber weiter. Er drückte Katsuyas Schulter, bevor er sagte: »Genieß das Frühstück mit Sachi. Ich bin ein paar Tische weiter – außer Hörweite. Versprochen.«

»Erwarte nicht zu viel«, warnte Katsuya.

»Nie.«

»Und du wirst mich vor Großvater in Schutz nehmen, wenn aus der Sache nichts wird?«

»Aber natürlich.«

Katsuya atmete tief durch. Er setzte sein einstudiertes Lächeln auf, stählte sich und betrat den Salon vor Haruki.

Sie war die jüngste Tochter eines Hotelkettenimperiums, nur ein Jahr jünger als er selbst, und hatte ihren Abschluss an einer erstklassigen Universität in Schweden gemacht. Sie sprach fließend Englisch, daher unterhielten sie sich nicht auf Japanisch. Sie war ein hübsches, redseliges Mädchen und schaffte es, über ihren sehr teuren achtmonatigen Trip durch Europa zu erzählen, von dem sie gerade zurückgekehrt war, und Katsuya gleichzeitig über seine Arbeit auszufragen. Aber auch wenn er froh war, dass sie westlicher eingestellt war als die unterwürfige, brave Frau, die er erwartet hatte – erzogen, um jemandes Vorzeigefrauchen zu werden –, konnte Katsuya ihr doch nicht ganz folgen. Sie sprühte vor Energie, was er einfach nicht gewohnt war, und es ermüdete ihn.

»Ich weiß, dass Sie verärgert sind über dieses Arrangement«, sagte sie nach einer Pause. Trotz dieser Aussage lächelte sie. Sie hatte sich Eier Benedikt bestellt, bisher aber nur den kanadischen Speck gegessen.

Er hatte sich für ein Croissant und eine kleine Schale Obstsalat entschieden. Fünfunddreißig Minuten nachdem er sich hingesetzt hatte, trank er bereits seine dritte Tasse Kaffee. »Ich entschuldige mich, wenn ich diesen Eindruck vermittelt habe«, erwiderte er und riss ein Ende seines Croissants ab.

»Es liegt nicht an Ihrem Verhalten«, versicherte Sachi und rührte mit ihrer Gabel in dem zerlaufenen Eigelb auf ihrem Teller. »Es ist sehr höflich von Ihnen, mich sprechen zu lassen. Die meisten Männer wie Sie – reiche Söhne, mit denen ich spontan zum Essen geschickt werde oder neben denen ich bei Dinnerpartys sitze – haben eine andere Vorstellung davon, wie Frauen sich verhalten sollten.«

Sein Lächeln wurde breiter, während er Butter auf sein Gebäck strich und es aß. »Sie stellen also ihre Geduld auf die Probe.«

Sie lachte. »Das ist nicht ganz beabsichtigt. Ich bin von Natur aus sehr neugierig. Ich schätze, ich passe nicht gut zu jemandem, der einfach nur ein Vorzeigefrauchen will. Ich reise gerne. Ich treffe gerne neue Leute. Ich würde verrückt werden, wenn ich länger als ein paar Monate an einem Ort bleiben müsste. Es liegt nur daran, wie ich aufgewachsen bin, dass ich außerdem schöne Dinge mag und gerne in wunderschönen Hotels schlafe. Aber manchmal können heruntergekommene Motels – nicht die gefährlichen oder unsauberen – auch ganz aufregend sein.«

Er nickte und nippte an seinem Kaffee. Die Anspannung über dieses Frühstück, die sich seit diesem Morgen in Davids Büro in ihm aufgestaut hatte, ließ endlich nach. Er mochte Sachi, jetzt, da er ihre übersprühende Lebendigkeit verstand.

»Ich weiß, mein Vater und Ihr Großvater haben uns dieses Treffen aufgezwungen«, sagte sie. »Ich wollte gerade in den Flieger nach Kalifornien steigen, als ich von diesem Treffen erfuhr, aber ...«

»Aber?«, hakte er nach, als sie nicht weitersprach.

»Ich habe ein Gespräch zwischen Vater und Ihrem Beschützer da drüben belauscht.« Sie deutete mit dem Kopf auf Haruki. Dieser genoss sein amerikanisches Frühstück mit Speck und Eiern, während er auf seinem Smartphone las. »Er sagte, Sie sind Psychiater bei der Polizei. Sie müssen spannende Geschichten zu erzählen haben.«

»Tatsächlich bestehen die meisten Tage nur aus Papierkram. Was ich tue, wird im Fernsehen wahnsinnig übertrieben dargestellt.«

Sie legte ihre Gabel hin und lehnte sich vor. In ihren braunen Augen stand Neugier. »Zeigen Sie mir, wo Sie arbeiten? Ich weiß, ein Polizeirevier ist nicht gerade eine Touristenattraktion, aber das One Police Plaza ist das größte Revier von New York, in dem Hunderte von Polizisten arbeiten, stimmt's?«

»Es ist keine Touristenattraktion«, wiederholte er, um ihre Aussage zu unterstreichen, »und ich denke nicht, dass es den Kollegen gefallen würde, bei der Arbeit wie Zootiere begafft zu werden.«

Sie ließ nicht locker. Ihr Blick wurde sogar noch entschlossener. »Dann nur Ihr Büro«, bat sie, nahm Katsuyas Hand in ihre und drückte sie.

Ihr Verhalten erschreckte ihn. Er war es nicht gewohnt, von Fremden angefasst zu werden, und er bemerkte, dass Haruki aufgesehen hatte und sie beobachtete. Es könnte böse enden, wenn er seinem Instinkt nachgab, ihre Hand abschüttelte und das Restaurant verließ, also riss er sich zusammen und ignorierte, dass sie seine Hand hielt.

»Ich mache Ihnen einen Vorschlag«, sagte sie. »Wenn Sie mich einfach dorthin mitnehmen und mir zeigen, wie es ist, mit so vielen bewaffneten Männern zusammenzuarbeiten, sage ich meinem Vater, dass ich nicht daran interessiert bin, die Beziehung zu Ihnen zu vertiefen.« Sie hielt inne. Ihre Daumen strichen über seine Hand. »Es sei denn, *Sie* sind es.«

»Ich bin gerade vierundzwanzig geworden«, entgegnete Katsuya. »Ich möchte mir eine Karriere aufbauen, bevor ich eine Familie gründe.«

»Das dachte ich mir«, sagte sie und zwinkerte ihm zu. »Auch wenn mein Vater behauptet, dass sich mein Leben nach der Heirat nicht verändern wird, dass es nur ein anderes Zuhause sein wird, in das ich zurückkomme, weiß ich, dass das nicht stimmt. Mein Leben – meine Identität – wird mir in dem Moment genommen werden, in dem ich einen anderen Namen annehme und man von mir erwartet, neue Pflichten zu übernehmen. Auch wenn Sie ein Mann sind, unterscheidet sich Ihr Leben nicht so sehr von meinem.«

»Es ist nicht leicht, wir zu sein, oder?«, fragte er mit einem müden Lächeln.

»Es ist, als müssten wir unser ganzes Leben lang beweisen, dass wir den Reichtum, in den wir geboren wurden und in dem wir aufgewachsen sind, verdienen«, erklärte sie. »Vater wollte am Freitag herfliegen, um Sie kennenzulernen, falls das Essen heute Abend und das Treffen mit einem Kollegen am Mittwoch im Warwick gut verlaufen.«

Sie lachte, als sie seine instinktive Reaktion auf diese Neuigkeiten bemerkte. »Ja, sie wollten Ihnen die Termine häppchenweise beibringen, damit sie nicht die Stadt verlassen oder sich in dem großen Gebäude mit all den bewaffneten Männern verschanzen können.«

Sie zog ihre Hände zurück, um ihre Tasse zu nehmen und von ihrem Tee zu trinken, während sie beobachtete, wie Katsuya seine Optionen durchging.

»Es macht mir nichts aus, mit ihnen zu diesen Treffen zu gehen«, sagte er schließlich. »Sie sind eine interessante Gesprächspartnerin, aber ...«

»Aber sobald Vater ins Spiel kommt und sie in sein Herz schließt, könnten Sie quasi auch schon in die Familie eingeheiratet haben.«

»Richtig«, sagte er. »Also werde ich Sie in mein Büro mitnehmen, wenn das Ihr Preis ist.«

Sachi lachte glücklich und er musste unwillkürlich lächeln. Es war schon eine Weile her, dass er mit jemandem zusammen gewesen war, der das Leben so genoss. Es war ansteckend. Die schrecklichen Gefühle, die sich in seiner Brust angestaut hatten, hatten sich inzwischen in Luft aufgelöst.

Kapitel 4

Er hatte in seinem letzten Schuljahr mit dem Rauchen angefangen, nachdem er mit dem Mannschaftssport aufgehört hatte – sehr zum Missfallen seines Trainers. Obwohl er seit der achten Klasse, als man ihn in die Schulmannschaft gedrängt hatte, gewusst hatte, dass er seine Unilaufbahn nicht auf Sport aufbauen wollte, hatte er keinen Drang verspürt, sich aufs Lernen zu konzentrieren, bis die Aufnahmeprüfungen vor der Tür standen und die Studienberater und Anwerber des Militärs mit ihm über seine Zukunft sprechen wollten. Doch dann hatte er sein Sozialleben und sogar seine Freundinnen auf Eis gelegt, um sich ganz ins Lernen zu vertiefen. An manchen Tagen hielten ihn nur Koffein und Nikotin auf den Beinen. Seine Eltern wussten vermutlich, dass er rauchte. Vielleicht dachten sie, dass er zu viele Freunde hatte, die Raucher waren. Zu Hause rauchte er nicht und seine Eltern fragten ihn nicht danach, nicht einmal, als eine Zigarettenschachtel aus seiner Tasche fiel und sein Vater sie einfach nur vom Boden aufhob und ihm reichte.

Die Jahre auf der Universität von New York verliefen ungefähr genauso. Mit dem Unterschied, dass nun noch gelegentlich Alkohol an Wochenenden mit seinen Verbindungsbrüdern hinzukam. Erst an der Polizeiakademie hatte er keine andere Wahl gehabt, als während des monatelangen Trainings all seine Laster aufzugeben. Er gönnte sich gelegentlich einen Drink und war zu seinem geliebten Kaffee zurückgekehrt, aber mit dem Rauchen hatte er nicht wieder angefangen.

Nachdem Katsuya gegangen war, hatte er das unbändige Verlangen nach einer Zigarette. Er wollte sich aus seinem Fenster lehnen und drei oder vier hintereinanderweg rauchen, bis sich seine Nerven so weit beruhigt hatten, dass er sich wieder auf seine Arbeit konzentrieren konnte. Er wusste nicht, warum Katsuyas Wut einen solchen Effekt auf ihn hatte. Er war daran gewöhnt, dass viele Leute wütend auf ihn waren. Die Hälfte seiner Vorgesetzten war permanent schlecht auf ihn zu sprechen. Die meisten seiner Freunde hatten irgendwann gelernt, ihm beim kleinsten Konflikt einfach aus dem Weg zu gehen. Katsuya war nicht gerade ein enger Freund, aber ...

Er ging in seinem kleinen Büro auf und ab und lief zweimal um seinen Schreibtisch. Nach ein paar Minuten nahm er seine Jacke von der Stuhllehne und machte sich auf ins Leichenschauhaus. Er schätzte, es war immer noch besser, sich Leichen anzusehen, die vor gerade einmal zwölf Stunden reingebracht worden waren und wahrscheinlich gerade auf den Obduktionstischen aufgeschnitten wurden, als sich hier weiter verrückt zu machen.

Er verbrachte den Tag im Büro des Gerichtsmediziners und schaute dann im Labor vorbei. Er fuhr sogar zum Tatort hinaus, um sich alles noch einmal anzusehen. Er befragte erneut die Zeugen von der Liste, die die Kollegen, die als Erste am Tatort waren, ihm gegeben hatten. Er brauchte eine physische Verbindung zu dem Fall, nicht nur Worte in einem Stapel von Berichten. Es war die einzige Möglichkeit, sich von dem abzulenken, was heute Morgen geschehen war. Als er nach sieben in sein Büro zurückkehrte, waren die meisten Schreibtische bereits verlassen.

»Dave«, sagte Montoya, als er auf dem Weg zu seinem Büro an seinem Schreibtisch vorbeiging.

David hatte es aufgegeben, ihn zu korrigieren oder ihm zu erklären, dass er es nicht mochte, Dave genannt zu werden. »Ich bin nur hier, um die Akte des Belmont-Falls auf den neuesten Stand zu bringen«, sagte er und winkte ab. »Drück mir bloß nichts anderes aufs Auge.«

»Hast du Streit mit dem Doc?«

David blickte über seine Schulter, während er die Tür zu seinem Büro aufschloss.

Montoya ging bereits auf ihn zu. »Er hat es mir erzählt.«

»Ach ja?«, wunderte sich David. Er ging hinein und ließ die Tür offen. Er setzte sich auf den leeren Besucherstuhl, weil er dort seine Füße hochlegen konnte, ohne seinen Monitor oder die Tastatur vom Tisch zu fegen. Er streckte sich und verschränkte die Hände hinter dem Kopf.

»Er ist sehr professionell, aber er ist auch noch jung«, sagte Montoya und setzte sich auf Davids Stuhl hinter seinem Schreibtisch. »Im Ärger hat man schnell mal was gesagt, was man eigentlich gar nicht so meint. Ganz egal wie teuer seine Ausbildung war.«

»Wann hat er dir das erzählt? Wir hatten heute Morgen eine Meinungsverschiedenheit und heute ist sein freier Tag …«

»Er ist so gegen vier vorbeigekommen. Na ja, eigentlich bin ich ihm im Flur begegnet, als er auf dem Weg in sein Büro war. Er hatte eine wunderschöne junge Frau bei sich, Japanerin, vermutlich in seinem Alter. Ihrer schicken Kleidung nach zu urteilen hat sie wahrscheinlich auch Geld.«

»Tatsächlich?«

»Er sagte, ihr Name sei Sachi und dass sie eine Freundin sei. Er hat sie in sein Büro vorgeschickt und dann hat er mir erzählt, was passiert ist. Er meinte, dass er bereut, wie euer Gespräch verlaufen ist, aber ich kann ihm nicht verübeln, dass er wütend war. Für das, was du getan hast, verhaften wir Leute normalerweise.«

David zuckte mit den Schultern. Seine Gedanken hatten sich an der Tatsache aufgehängt, dass er eine *Freundin* hergebracht hatte, um ihr seinen Arbeitsplatz zu zeigen. »Ich schätze, jetzt, da wir wissen, dass er eine Freundin hat … bin ich wohl die ganze Zeit gegen die Fahrtrichtung durch eine Einbahnstraße gefahren.«

»Kannst du ihn nicht auch mögen, ohne romantisches Interesse zu zeigen?«

»Das habe ich, als wir uns kennengelernt haben.«

»Du solltest es wieder tun, wenn du ihn nicht als Freund verlieren willst«, riet ihm Montoya. »Außerdem bist du … was, zwölf Jahre älter? Die Kluft ist …«

»Herrgott, Mike. Kluft? Ich bin älter, nicht alt.«

»Trotzdem sind es zwölf Jahre, Dave.«

»Ich versteh schon. Du willst andeuten, dass ich nur jemand Jüngeren suche, damit ich mich um ihn kümmern kann.«

Montoya lehnte sich auf seinem Stuhl zurück und grinste. »Na ja, du hast diesen väterlichen …«

»Brüderlichen«, unterbrach ihn David. »Und fang mir damit gar nicht erst an. Also, war das alles? Er taucht hier mit seiner Freundin auf, erzählt dir von unserem Streit und dass es ihm leidtut, und dann …«

»Er nimmt sich den Rest der Woche frei«, sagte Montoya und stand auf. »Er sagte, du sollst ihn später anrufen. Er will sich dafür entschuldigen, dass er die Beherrschung verloren hat.« Er ging um den Tisch herum und blieb neben Davids Füßen stehen. Sein Tonfall wurde plötzlich ernst. »Der Doc ist ein guter Junge. Er ist der Erbe einer reichen Familie, altes Geld. Er hat familiäre Verpflichtungen, die du und ich uns nicht mal vorstellen können. Sei sein Freund – er kann einen gebrauchen. Mehr von ihm zu wollen wäre egoistisch.«

»Du weißt aber schon, dass ich nicht hinter seinem Geld her bin, richtig?«

»Ich rede nicht von seinem Geld, Dave.« Montoya klopfte ihm ein paarmal auf die Schulter, bevor er zur Tür schlurfte. »Du bist vielleicht mein Boss, aber ich lebe schon sehr viel länger als du und ich habe genug Leute wie dich und den Doc gesehen. Es geht nie ums Geld. Gute Nacht. Bleib nicht zu lange auf. Du hast um neun ein Treffen hinter verschlossenen Türen mit dem Gouverneur in seiner Villa, um ihn über den Stand der Ermittlungen zu informieren.« Er ging und schloss die Tür hinter sich.

Minuten vergingen, während David verdaute, was Montoya gesagt hatte. Die Erleichterung, die er verspürte, weil Katsuya nicht mehr wütend auf ihn war, war geradezu greifbar. Er konnte richtiggehend spüren, wie ihm die Last, die er den ganzen Tag mit sich herumgetragen hatte, von den Schultern fiel. Doch etwas anderes – vielleicht die Wahrheit der Worte, die Montoya ihm eingeschärft hatte – belastete ihn. Eine neue Form der Angst breitete sich in ihm aus und er sehnte sich wieder einmal nach einer Zigarette.

***

Das Treffen hatte kurz sein sollen, fünfzehn Minuten, höchstens eine halbe Stunde, wenn er Fragen beantworten musste. David hatte die Zeit bei Weitem unterschätzt. Der Gouverneur hatte die trauernden Eltern der drei Opfer eingeladen, die ihn abwechselnd um mehr Informationen anflehten und beschimpften. Die Gemüter kochten hoch, als er sich seine fast bestätigte Theorie entlocken ließ, dass es vermutlich ein Drogendeal gewesen war, der schiefgegangen war. Er saß emotionslos da, während zwei der Mütter ihn als inkompetent und als Lügner bezeichneten. Der Gouverneur blieb ruhig und trank hinter seinem Schreibtisch Kaffee aus feinstem Porzellan. Davids einziger Trost war der entschuldigende Ausdruck in seinen Augen, wann immer sich ihre Blicke für den Bruchteil einer Sekunde trafen.

Es war elf Uhr dreißig, als die Eltern endlich hinausbegleitet wurden und im Raum Ruhe einkehrte. Er nahm den Kaffee, den man ihm serviert hatte, als er sich um Viertel vor neun hingesetzt hatte. Er hatte noch keine Gelegenheit gehabt, einen Schluck davon zu trinken. Er war kalt und bitter – genau, wie er sich fühlte, dachte er bei sich.

»Entschuldigen Sie«, sagte der Gouverneur schließlich.

»Wir beschützen und dienen«, zitierte er das offizielle Motto der Polizei, leerte seine Tasse und stellte sie wieder auf die Untertasse. Seine Gedanken drehten sich nicht länger um den Fall. Er hatte auf der Fahrt hierher einen halben gebutterten Bagel gegessen und überlegte nun, ob er die andere Hälfte, die in einer Papiertüte auf dem Beifahrersitz lag, noch essen oder sich ein richtiges Mittagessen gönnen sollte.

»Der Fall ist also abgeschlossen? Sie sind sicher, dass es ein Drogendealer gewesen ist?«

»Nicht abgeschlossen, aber wir jagen hier auch nicht gerade einen Serienkiller. Wir werden die Drogenfahndung einschalten. Sie werden uns die Namen von Dealern aus der Gegend geben. Dann haben wir ein paar Verdächtige, aber …«

»Aber Sie sind sicher, dass die Morde mit Drogen in Verbindung stehen?«

»Ja, Sir. Im Haus gab es reichlich Hinweise auf Drogenbesteck. Die ersten toxikologischen Ergebnisse deuten darauf hin, dass zwei der drei Opfer einen Cocktail aus Methamphetamin und Heroin im Blut hatten«, erklärte David. »Heute Nachmittag werde ich alles in einem zusammengefassten Bericht ...«

Der Gouverneur schüttelte den Kopf. »Nicht nötig. Ich habe alles gehört. Einen schönen Tag noch, Detective.«

Er verabschiedete sich, während er aufstand und das Zimmer verließ. Auf dem Weg zu seinem Auto beschloss er, dass er zu Mittag nicht die zweite Hälfte des Bagels essen würde. Für die zweieinhalbstündige Hasstirade, die er über sich hatte ergehen lassen müssen, würde er sich eine ausgedehnte Mittagspause gönnen. Er fuhr zu Cappone's und bestellte sich ein Salvatore-Hero-Sandwich mit gebratenem Hühnchen und Provolone sowie einen Kaffee. Auf dem Weg hatte er sich eine *New York Times* gekauft und las sie beim Mittagessen. Während er an einem Ecktisch aß, kamen zwei Anrufe aus dem Büro, aber er ignorierte sie. Den dritten Anruf nahm er entgegen, als er Katsuyas Namen sah.

»Sind Sie gerade beschäftigt?«

»Ja«, erwiderte er. »Damit, mir den Bauch vollzustopfen. Ich bin bei Cappone's. Ich wurde gerade in der Villa des Gouverneurs von drei wütenden Elternpaaren zurechtgestutzt.«

»Essen kann nach einem leichten Trauma Balsam für die Seele sein«, kommentierte Katsuya.

Vor seinem inneren Auge sah David ihn bei diesen Worten lächeln. »Das ist es. Mike hat gestern noch mit mir gesprochen.

Sie müssen sich nicht bei mir entschuldigen. Es war ganz allein meine Schuld. Ich hätte nicht so verdammt neugierig sein sollen.«

»Wenn Sie nicht von Natur aus neugierig wären ... hätte Lane ...«, begann Katsuya, unterbrach sich jedoch. »Ich hätte ... Es tut mir wirklich leid, dass ich Sie angeschrien habe. Ich mache gerade eine schwierige Zeit durch.«

»Wegen Ihrer Freundin?«

Es entstand ein Moment der Stille, bevor Katsuya antwortete: »Sachi? Sie ist nicht meine Freundin. Mein Großvater und ihr Vater haben versucht, uns zu verkuppeln, und ... Ist ja auch egal. Ich wollte mich nur entschuldigen. Ich fühle mich schrecklich.«

»Wann können wir uns sehen?«

Die Frage ließ Katsuya erneut verstummen.

»Unser verschobenes Abendessen«, erinnerte ihn David. »Ich hoffe, es steht noch.«

»Ich melde mich wieder, wenn meine Familie weg und das alles vorbei ist und ich wieder zur Arbeit kann. Nächste Woche vielleicht?«

»Nächste Woche also.«

»Ich muss los. Passen Sie auf sich auf, Detective.« Nachdem er sich verabschiedet hatte, legte er auf.

David hatte sein Sandwich erst halb aufgegessen. Er bedeutete der Kellnerin, ihm Kaffee nachzuschenken, und widmete sich wieder seiner Zeitung. Auch wenn der Tag beschissen begonnen hatte, fühlte er sich nach einem anständigen Salvatore und einem Anruf von Katsuya richtig gut.

***

Er hatte gerade den Schlüssel in die Wohnungstür gesteckt, als der Anruf kam. Sein Handy vibrierte in seiner Manteltasche, während das Klingeln durch den leeren Flur hallte. Er zog es heraus und warf einen Blick darauf. Mike Montoya. Mike rief ihn nicht aus persönlichen Gründen an. Er hatte ein ungutes Gefühl, als er dranging – nachdem er zweimal hintereinander zwölf Stunden gearbeitet hatte, und das nach einer Vierundzwanzigstundenschicht, hatte er wirklich keine Lust zurückzugehen. »Ja?«, meldete er sich, während er hineinging. Er schaltete das Licht an und zog bereits die Schuhe aus, bevor Montoya sagte: »Wir brauchen dich auf dem Revier.«

»Du willst mich wohl verarschen!«

»Katsuyas Mädchen, Sachi, ist hier. Sie sagt, Katsuya ist verschwunden.«

»Wa… Noch mal von vorne«, sagte er und zog seine Schuhe wieder an.

»Da ich Sachi neulich kennengelernt hatte, hat sie nach mir gefragt. Der Diensthabende hat mich zu Hause angerufen und ich habe mit ihr gesprochen …«

David schloss seine Wohnungstür hinter sich und eilte zur Treppe. »Und?«

»Sie sagte, dass er sie zu einer Dinner-Verabredung um halb acht im Warwick treffen wollte, dort aber nicht aufgetaucht ist. Er geht nicht an sein Handy. Also habe ich eine Einheit zu seiner Wohnung geschickt, um nachzusehen, ob es ihm gut geht. Der Hausverwalter hat sie in die Wohnung gelassen. Aber er ist nicht da.«

»Scheiße!«

»Er ist also auch nicht bei dir?«

»Ich habe vor zwei Tagen mit ihm gesprochen, während ich bei Cappone's zu Mittag gegessen habe. Er meinte, er würde sich melden, sobald die Familie die Stadt verlassen hat.«

»Wie dem auch sei, komm her, so schnell du kannst. Ich hab dem Diensthabenden gesagt, er soll sie in einen Verhörraum setzen, damit sie auf dich warten kann.«

Auch wenn es schon zehn Uhr abends an einem Werktag war, nahm der Verkehr in Manhattan einfach nicht ab. Vielleicht hatte er sich einfach daran gewöhnt oder bemerkte ihn nur nicht, wenn er normalerweise zur Arbeit fuhr, aber jetzt machte ihn der Stau mit jeder Minute wütender. Jedes Mal, wenn er an einer roten Ampel hielt, rief er Katsuya auf seiner privaten und seiner Dienstnummer an. Auf beiden Leitungen klingelte es, bis die Voicemail ranging. Die Mailbox seines privaten Handys war voll.

Als er endlich vor dem Revier vorfuhr und sein Auto auf einen der Parkplätze stellte, die den Streifenwagen vorbehalten waren, war es halb elf. Der Diensthabende hätte ihn fast angeschrien, dass er doch wisse, dass er dort nicht parken dürfe, aber nachdem er Davids Gesichtsausdruck bemerkt hatte, nickte er nur und sagte: »Raum 4-A.«

Die junge Frau, die ein bis zur Mitte des Oberschenkels reichendes, eng anliegendes schwarzes Seidenkleid mit Tahitiperlen-Stickereien an den schmalen Trägern trug, stieß ein erschrockenes Quieken aus, als David die Tür aufriss, ohne vorher zu klopfen. Sie hatte auf ihr Handy geschaut, das ihr fast aus den Händen geglitten wäre.

»Entschuldigung«, sagte David und nahm sich einen Moment, um sich zu beruhigen, damit er sie nicht anschrie. »Detective David Krause. Ich muss mich entschuldigen. Sprechen Sie Englisch?«

Sachi nickte und streckte ihm die Hand zur Begrüßung hin. »Sachi Yamamoto«, sagte sie. Ihre pinken Lippen verzogen sich zu einem Lächeln. »Sind Sie … ein Kollege von Dr. Asano?«

»Ja. Mike Montoya hat mich gebeten, zu kommen. Er hat mir mitgeteilt, was Sie ihm erzählt haben.«

Er zog einen Stuhl heraus und setzte sich Sachi gegenüber. Sie war so, wie Montoya sie beschrieben hatte: wunderschön und aus gutem Hause. Ihre Frisur und ihr Make-up hatte ein Profi gemacht. Der Chanel-Mantel, der über dem Verhörtisch lag, kostete mehr, als er in einem Jahr verdiente. Wahrscheinlich sogar in zwei Jahren, wenn er das Designerkleid und die Stilettos mit einrechnete.

»Haruki hat mich gebeten, noch niemanden zu informieren«, erklärte sie. Als David die Stirn runzelte, führte sie aus: »Haruki ist Katsuyas Cousin. Er ist zur japanischen Botschaft gegangen, um zu klären, wie wir … hiermit umgehen sollen.«

»Es sind erst ein paar Stunden vergangen«, entgegnete er. »Es gibt nicht viel, was sie tun können, außer uns einen Anstandsbesuch abzustatten und nach vierundzwanzig Stunden eine Vermisstenanzeige aufzugeben.«

»Wir müssen warten, bis er noch länger verschwunden ist, bevor Sie nach ihm suchen können?«

»Es steht einem Erwachsenen zu, einfach unterzutauchen.«

»Und woher wollen Sie wissen, dass er nur untergetaucht ist, wenn Sie ihn nicht suchen und fragen?«

»Das Gesetz sieht vor, dass ein Erwachsener ein Recht auf Privatsphäre hat, und dazu gehört auch das Recht, einfach zu verschwinden«, erklärte David. »Aber ich bin selbst nicht hergekommen, um vierundzwanzig Stunden zu warten, bevor ich nach ihm suche. Können Sie mir sagen, was passiert sein könnte, das ihn veranlasst hat … zu verschwinden?«

»Wir haben uns vorgestern zu einem späten Mittagessen im Russian Tea Room getroffen. Gestern habe ich ihn nicht gesehen. Heute Abend waren wir im Warwick verabredet, für eine Dinnerparty, die ein amerikanischer Geschäftspartner meines Vaters veranstaltet hat. Wir sollten um sieben da sein, das Essen sollte um halb acht beginnen. Um acht … nachdem ich über eine Stunde versucht hatte, ihn zu erreichen, rief ich Haruki an. Er bat mich, im Hotel zu bleiben, während er nach ihm suchen wollte. Um neun war ich sehr beunruhigt. Also verließ ich die Party und bin hergekommen. Ich kannte niemanden außer Mr Montoya. Deshalb bat ich den Polizisten an dem kleinen Fenster in der Lobby, ihn für mich zu suchen. Ich dachte, da Dr. Asano in einem Polizeirevier arbeitet, könnte die Polizei ihn vielleicht schneller finden.«

David nickte und verarbeitete langsam die spärlichen Informationen. »Gestern war er also bei seiner Familie?«

»Ich glaube, ja.«

»Warum, glauben Sie, hat Haruki Sie gebeten, niemanden darüber zu informieren, dass Katsuya verschwunden ist?«

»Wahrscheinlich, weil sein Großvater überreagieren würde«, überlegte sie. »Er ist streng, aber er liebt Katsuya abgöttisch. Er ist mit Haruki hergekommen, um zu sehen, wo er lebt und arbeitet, und um sicherzugehen, dass es ihm gut geht.«

David lächelte. »Und außerdem, um eine Heirat mit einem sehr hübschen Mädchen zu arrangieren?«

»Das auch«, bestätigte sie. »Wieso tragen Sie keine Waffe wie die anderen Polizeibeamten?«

»Weil ich gerade nicht im Dienst bin«, erwiderte er. »Denken Sie, er könnte wegen dem Stress mit seiner Familie abgehauen sein?«

Sie zuckte mit den Schultern, stand auf und richtete ihr Kleid. »Vielleicht«, sagte sie und nahm ihren Mantel. Sie drückte ihn David in die Hand und drehte sich um, damit er ihr hineinhelfen konnte. »Könnten Sie mich in mein Hotel zurückbringen? Ich habe meinen Fahrer weggeschickt, nachdem er mich hier abgesetzt hatte.«

Er hielt ihr den Mantel hin, damit sie hineinschlüpfen konnte, und als sie sich umdrehte, strahlte ihr Lächeln ein wenig mehr. »Ich wohne im St. Regis«, erklärte sie. »Meine Familie hält Anteile daran.«

»Ist das das Hotel mit der Präsidentensuite, die pro Nacht mehr kostet, als ich in drei Monaten verdiene?«

Sie kicherte und hakte sich bei ihm unter. »Sie sind herzlich eingeladen, für ein paar Nächte als mein Gast dortzubleiben, wenn Sie Zeit haben.«

Sachi war ein interessantes Mädchen, fand David, nachdem er sie vor dem St. Regis abgesetzt hatte. Sie hatte keine weiteren Informationen über Katsuya, daher drehte sich die Unterhaltung im Auto um seine Arbeit. Sachi hatte viele Fragen: Wie viele Leichen, würde er schätzen, hatte er in seiner Dienstzeit gesehen? Welches war der ungewöhnlichste Fall, an dem er je gearbeitet hatte? Hatte er schon mal jemanden erschossen? Sie war aufgeregt und hing an seinen Lippen, während er sprach. Unter anderen Umständen wäre David Sachis Gesellschaft nicht abgeneigt gewesen, aber Katsuyas Verschwinden lastete schwer auf ihm. Doch er lächelte sie tapfer weiter an, weil er ihre Unterstützung brauchte.

Er sah ihr nach, während sie von einem Portier hineinbegleitet wurde. Dann versuchte er noch einmal, Katsuya zu erreichen. Sonst gab es nichts zu tun. Sachi hatte Haruki eine Voicemail hinterlassen, dass er David kontaktieren sollte, auch wenn er nicht wusste, wie sie sich verständigen sollten. Er konnte kein Japanisch und Haruki kein Englisch.

Die Verbindung wurde aufgebaut und das Freizeichen drang laut an sein Ohr. Ihm schnürte sich die Kehle zu, als am anderen Ende abgehoben wurde. Für einige Sekunden sagte niemand ein Wort. Im Hintergrund konnte er das Dröhnen von Bässen hören. Stimmen waren zu hören, als würde sich eine Menge über die Musik hinweg anschreien.

»Katsuya?«, schrie er beinahe ins Telefon.

Jemand, der nicht Katsuya war, antwortete ihm. »Sie sollten vielleicht besser schnell herkommen und Ihren niedlichen Freund abholen«, sagte der Mann. Er hatte eine tiefe Stimme, die von jahrelangem Rauchen und Trinken rau geworden war. »Er hat sich entweder fast bis zur Besinnungslosigkeit betrunken oder jemand hat ihm Drogen untergejubelt … keine Ahnung. Aber ein paar Jungs baggern ihn an. Sie wollen ihn mitnehmen und es ihm reihum besorgen.«

»Wo sind Sie?«

Der Mann gab ihm eine Adresse in Queens durch und erklärte, dass er einer der Barkeeper sei.

»Bringen Sie ihn ins Hinterzimmer. Sofort!«

»Ich hab keine Zeit, für ihn den Babysitter zu spielen«, erwiderte der Mann. »Sie können froh sein, dass ich überhaupt an sein Telefon gegangen bin.«

»Sie werden sofort einem Ihrer Türsteher sagen, dass er ihn ins Hinterzimmer bringen soll«, wiederholte David langsam.

»Fick dich, Mann! Für wen hältst du dich eigentlich?«

»Ich bin Detective David Krause, NYPD. Wenn ihm irgendwas zustößt, werde ich nicht nur den Laden schließen lassen, der Ihr Gehalt bezahlt, ich werde Sie auch persönlich für etwas anklagen, das Sie ins Bundesgefängnis bringt. Verstanden?«

»Ich lass mich von 'nem Bullen nicht einschüchtern!«

»Diese Unterhaltung ist beendet. Ich kann auch jetzt gleich ein paar Streifenwagen und uniformierte Polizisten in Ihre verschissene

Bar schicken und die werden Sie in den kommenden Wochen immer wieder besuchen, wenn Sie weiter diesen Scheiß abziehen«, erklärte David. »Ich bin in dreißig Minuten da. Sehen Sie zu, dass ihm bis dahin nichts passiert, oder fangen Sie besser schon mal an zu rennen.«

Der Mann murmelte etwas, das im Hintergrundlärm unterging, aber David hörte ein »Okay«, bevor er auflegte.

»Verdammt!«, fluchte er, als er vom Parkplatz des Hotels fuhr und das Gaspedal durchtrat.

Kapitel 5

Jemand sagte »Katsuya« und bat ihn, die Augen zu öffnen. Er verstand nicht, was das bedeuten sollte. Er brauchte eine Weile, um zu realisieren, dass »Katsuya« sein Name war. Er war angespannt. Sein ganzer Körper war verkrampft, als hätte er sich minutenlang in einer völligen Schockstarre befunden. Festzustellen, dass er sich nicht bewegen konnte, löste Panik in ihm aus und er konnte nicht atmen.

»Es ist alles okay«, versicherte ihm jemand. Er wurde hochgezogen in eine Wärme, die seine Angst sofort linderte. »Du bist in Sicherheit ... Tief einatmen ... Es ist alles in Ordnung.«

Die Worte wurden wiederholt, bis er langsam in die Gegenwart und die Realität zurückkehrte. Nun erkannte er, dass es Davids Stimme war, die beruhigend auf ihn einredete. »Danke«, flüsterte er.

David zog sich von ihm zurück, um nach einer Wasserflasche zu greifen, die auf dem Beistelltisch stand. »Trink«, sagte er und hielt ihm die offene Flasche an die Lippen.

Er gehorchte und zwang sich, das Wasser zu schlucken, obwohl es seine Übelkeit neu anfachte. Als er die Flasche ausgetrunken hatte, musste er sich wieder hinlegen und die Knie an die Brust ziehen, damit der Raum aufhörte, sich um ihn herum zu drehen.

»Kannst du laufen?«

»Wo bin ich?«, fragte er und kniff die Augen zu.

»Im Büro des Managers von einem ziemlich abgefuckten Klub in Queens. Kannst du dich erinnern, wie du hierhergekommen bist?«

»Im Moment nicht«, erwiderte er.

»Ich glaube, man hat dich unter Drogen gesetzt«, erklärte David, während er mit dem Handrücken über seine Wange strich. Seine Hand fühlte sich warm an. »Wir müssen dich ins Krankenhaus bringen …«

»Nein«, sagte er und ergriff Davids Hand. Erschrocken riss er die Augen auf. »Kein Krankenhaus.«

»Dr. Asano … Katsuya …«

»Bitte, kein Krankenhaus«, flehte er. »Bring mich in ein Hotel. Mir geht's gut. Ich brauche nur Schlaf.«

David nahm Katsuyas Gesicht in seine Hände. »Man hat dir wahrscheinlich Rohypnol in den Drink gemischt. Ein paar Kerle wollten dich irgendwohin mitnehmen und …«

Katsuya schüttelte den Kopf. »Bitte, bring mich in ein Hotel. Ich kann auf gar keinen Fall ins Krankenhaus und nach Hause kann ich auch nicht.« Er hörte, wie David seufzte, während er seine Hand gegen seine Brust gedrückt hielt und wieder die Augen schloss.

Diese einfache Geste schien dem Detective sofort den Wind aus den Segeln zu nehmen. »In Ordnung«, sagte er. »Aber ich bleibe bei dir.«

»Okay.« Er driftete in den Schlaf ab. »Du kannst bei mir bleiben.«

***

Als er zu sich kam, hörte er, wie David telefonierte. Er drehte sich auf die Seite. Sein Kreuz schmerzte von der zu weichen Matratze. Er setzte sich zu schnell auf, als ihm plötzlich klar wurde, dass er sich nicht in seiner eigenen Wohnung befand.

»Ich rufe zurück«, sagte David, nachdem er in Katsuyas Augen gesehen hatte. »Sprich mit dem Gerichtsmediziner und sammel bis Mittag die Berichte für die Besprechung um eins mit der Drogenfahndung zusammen.«

David legte auf, nahm eine Flasche Wasser aus der Minibar und ging langsam und vorsichtig auf ihn zu, als würde er sich einem verängstigten und deshalb gefährlichen Tier nähern. »Wie fühlst du dich?«, fragte er. »Wir sind in einem Hotel in Brooklyn, ein paar Blocks von meiner Wohnung entfernt.«

»Brooklyn ...«, wiederholte er, nur noch verwirrter.

David setzte sich auf die Bettkante und öffnete die Wasserflasche, bevor er sie ihm hinhielt. »Ja ... Erinnerst du dich noch an irgendwas?«

Er nahm die Wasserflasche entgegen und trank sie zur Hälfte aus, bevor er sie auf den Nachttisch stellte. Er hielt sich den Kopf. Hinter seinem rechten Auge brauten sich Kopfschmerzen zusammen.

»Kopfschmerzen sind ein Nebeneffekt am Morgen danach«, erklärte David. »Du warst für eine Weile verschwunden und bist in einem Nachtklub in Queens gestrandet. Der Barkeeper meinte, dass du in den vier Stunden, die du da warst, vielleicht zwei Drinks hattest … höchstwahrscheinlich hat dir also jemand was ins Glas gemischt.«

»Ich verstehe nicht, was das heißen soll«, entgegnete Katsuya und zog die Knie an die Brust, damit er seinen Kopf darauflegen konnte.

»Du solltest gleich deine Familie anrufen«, sagte David, stand auf und holte Katsuyas Telefon vom Nachttisch. »Dein Cousin hat die japanische Botschaft eingeschaltet. Vor ein paar Stunden wurde eine Vermisstenanzeige für dich aufgegeben.«

»Was?«, platzte es aus ihm heraus und er nahm das Telefon.

Während er den Anruf tätigte und auf Japanisch sprach, machte David sich mit der kleinen Maschine im Hotelzimmer einen Kaffee.

Zunächst sprach Katsuya leise, dann wurde die Unterhaltung hitziger. Als er auflegte, kochte er vor Wut. Das unterstrich er, indem er das Handy auf das andere der beiden Betten warf.

David trank seinen Kaffee aus einem Pappbecher. Er war dünn, enthielt aber wenigstens etwas Koffein. »Ich werde dich jetzt nicht anschreien, wenn du mir eine gute Erklärung lieferst, warum du so verdammt dämlich warst, in diesen Klub zu gehen.«

»Du hättest mich nicht abholen müssen.«

»Hast du gehört, was ich gerade erzählt habe? Man hat dich unter Drogen gesetzt! Wenn der Barkeeper nicht zufällig an dein Telefon gegangen wäre, würdest du jetzt wahrscheinlich in irgendeinem beschissenen verlassenen Lagerhaus nach einem ordentlichen Gangbang zu dir kommen. Wenn du überhaupt noch am Leben wärst.«

Katsuya legte sich wieder hin und ein seltsames Lächeln erschien auf seinem Gesicht. »Ich dachte, du wolltest mich nicht anschreien«, bemerkte er und wandte sich David zu. »Kannst du mir auch einen Kaffee machen?«

David überließ ihm seinen Becher und stellte ihn neben die Wasserflasche, bevor er sich daranmachte, sich einen neuen aufzubrühen. »Noch mal von vorne«, sagte er.

»Du kannst mir nicht helfen.«

»Ich habe nie gesagt, dass ich das kann, aber du schuldest mir zumindest eine Erklärung.«

Fast hätte er geantwortet: »Tue ich nicht«, doch stattdessen setzte er sich auf und lehnte sich gegen das Kopfteil. Er trank seinen

Kaffee, bevor er anfing zu erzählen: »Mein Großvater kann nicht akzeptieren, wo ich arbeite … wo ich wohne … Er hat sich sogar über das Auto beschwert, das ich fahre. Ich habe ihm gesagt, dass ich es nur ganz selten benutze und stattdessen meistens die U-Bahn nehme – in anderen Worten, dass ich wie der gemeine Pöbel lebe –, nur um ihn zu ärgern.«

»Wow«, entfuhr es David.

»Er ist wütend, dass ich keine Beziehung mit Sachi eingehen will. Er ist wütend, dass ich mich weigere, meinen Dienst beim NYPD zu quittieren und mit ihm nach Japan zurückzugehen.«

»Denkst du, wenn er mitkriegt, dass du abgehauen bist, würde er ein paar Bodyguards anheuern, um dich in den Flieger zu zerren?«

»Ja«, antwortete Katsuya. »Ich kann mich nicht erinnern, dass er je so … besitzergreifend war. Er ist nur selten zu irgendwelchen Schulabschlussfeiern gekommen. Als ich meinen Abschluss in Harvard gemacht habe, hat er nur ein Geschenk und eine Karte geschickt. In all den Jahren, die ich hier studiert habe, hat er nur drei- oder viermal angerufen … und jetzt plötzlich taucht er in einer Limousine hier auf, mit einer Frau im Schlepptau, die ich heiraten soll.«

Die kleine Kaffeemaschine hinter David zischte, als der Kaffee durchgelaufen war. Er nahm seinen Becher und setzte sich wieder auf die Kante von Katsuyas Bett.

»Also bist du nach eurem Streit abgehauen?«

»Ich hatte nur mein Handy, meine Fahrkarte und zehn Dollar bei mir. Ich bin einfach in irgendeinen Zug gestiegen und umgestiegen, wenn es mir zu voll wurde. Ich bin in Queens ausgestiegen und in die erstbeste Bar gegangen.«

»Und dann hat dir jemand Drinks spendiert?«, vermutete David.

»Mehrere Leute haben mir Drinks spendiert«, entgegnete Katsuya mit einem Lachen. »Ich schätze, der Anblick eines Japaners in Pullover und Hose in einer Bar, in der alle anderen tief ausgeschnittene Kleider und T-Shirts tragen, hat sie amüsiert. Es gab eine Menge Lederoutfits.«

»Als sie dir die Drogen in den Drink gemixt haben, wollten sie sich nicht einfach nur amüsieren«, mahnte David. »Wenn du das nächste Mal untertauchen willst, geh nicht in so eine Spelunke, okay? Ruf mich einfach an.«

Katsuya nickte und nippte wieder an seinem Kaffee. »Ich habe meinen Cousin angerufen. Er kümmert sich um den Papierkram beim NYPD und der Botschaft.«

»Und was jetzt?«

»Frühstück wäre gut.«

David lächelte, offensichtlich erleichtert, dass in eine noch vor Stunden ungewöhnliche und schwierige Situation wieder ein wenig Normalität einkehrte.

»Nebenan ist so ein schäbiger Fast-Food-Schuppen.«

»Großvater würde durchdrehen, wenn er wüsste, dass ich da gegessen habe«, lächelte Katsuya. »Ich mach mich kurz frisch, dann können wir aufbrechen.«

»Das zählt aber nicht«, erinnerte ihn David. »Du schuldest mir immer noch ein Abendessen.«

Katsuya nickte. »Aber natürlich, Detective.«

Kapitel 6

Nachdem David Katsuya nach dem späten Frühstück nach Hause gefahren hatte, lag etwas Beunruhigendes in dem unsicheren Lächeln, das Katsuya ihm zuwarf, als er vor dem Fußgängertor zu seiner Wohnanlage stand. Er winkte David zu und seine Lippen formten das Wort »Danke«. Dann trat er durch das Tor.

Noch lange nachdem das Tor zugeschlagen war und Katsuya das zweite Gebäude auf der linken Seite betreten hatte, beobachtete David es. Das ungute Gefühl, dass er Katsuya nie wiedersehen würde, breitete sich von seiner Kehle in seinen Bauch aus. Es war genau das gleiche schreckliche Gefühl, das er in der Vergangenheit immer gehabt hatte, wenn er ganz sicher gewesen war, dass er sich von etwas Kostbarem trennen musste, das er nie wiedersehen würde.

Er hoffte, dass er sich irrte.

Am Montag, als Katsuya wieder seinen Dienst antreten sollte, kam David früher als sonst und ging mit einem Becher Kaffee in der Hand zu Katsuyas Büro. Als er die ältere Frau sah, die die Schubladen des Aktenschranks in der Ecke durchging, ahnte er sofort, was los war. »Morgen«, sagte er.

Die Frau, deren Haare von grauen Strähnen durchzogen und in einem lockeren Knoten zusammengebunden waren, drehte sich zu ihm um und lächelte ihn an. »Guten Morgen«, erwiderte sie und kam mit ausgestreckter Hand auf ihn zu. »Detective ... Krause«, sagte sie, nachdem sie Davids Ausweis gelesen hatte, der an einem Lanyard um seinen Hals hing. »Dr. Lara Schultz.«

»Das hier ist Dr. Asanos Büro …«, begann David.

»Ja«, seufzte sie. »Ich habe eine Menge aufzuarbeiten.«

»Ich verstehe nicht.«

»Ich wurde beauftragt, Dr. Asanos Fälle auf unbestimmte Zeit zu übernehmen«, erklärte sie und deutete auf die Aktenmappen, die sich in einem ordentlichen Stapel neben dem zugeklappten Laptop türmten.

»Warum …«

Sie zuckte mit den Schultern. »Hab letzten Donnerstag erfahren, dass er für eine ganze Weile nicht zurückkommen wird … wenn überhaupt.«

Er war völlig geschockt und fühlte sich wie betäubt, behielt aber trotzdem sein Lächeln bei. Er reichte Lara den Kaffee, den er eigentlich für Katsuya gekauft hatte. »Willkommen beim NYPD«, sagte er. »Ich freue mich auf die Zusammenarbeit.«

Lara nahm den Kaffee entgegen und erwiderte sein Lächeln. Nachdem sie weitere Höflichkeiten ausgetauscht hatten, ging David. Während er zu seinem Büro auf der gegenüberliegenden Seite des Stockwerks zurückging, rief er Katsuya an. Eine blecherne Bandstimme erklärte ihm, dass die Nummer nicht länger vergeben sei. Er steckte das Telefon zurück in seine Tasche. Statt zu seinem Büro zu gehen, schlug er den Weg zum Parkplatz ein, stieg in sein Auto und fuhr zum St. Regis.

Heimlich bewunderte David die Entschlossenheit des Rezeptionisten, auch wenn sie ihn ganz klar zur Weißglut trieb. Auch nachdem er ihm seine Marke gezeigt hatte, weigerte sich der junge Mann höflich, in der Präsidentensuite anzurufen oder preiszugeben, ob Sachi Yamamoto noch dort wohnte. Nach zehn Minuten hatte er den jungen Mann so weichgeklopft, dass er den Schichtleiter holte, der daraufhin persönlich in der Suite anrief. Er sprach zu leise, als dass David hätte hören können, was gesagt wurde. Dann legte der Manager auf und bedeutete einem Pagen, David zu dem Fahrstuhl zu begleiten, der in die Suite führte.

»Für diese Etage benötigt man einen gültigen Zugangscode«, erklärte ihm der Page. Der Mann war um die Fünfzig und sein Haar war ordentlich geschnitten und unter die Kappe gesteckt, die zu seiner Uniform gehörte.

David nickte und folgte ihm zu einer Reihe von sechs Fahrstühlen. Der letzte war nicht beschriftet und nachdem er seine Schlüsselkarte durchgezogen hatte, öffneten sich die Türen.

»Drücken Sie einfach auf den obersten Knopf. Dann bringt sie der Lift direkt in die Präsidentensuite«, sagte der Page und bedeutete ihm einzutreten. »Einen angenehmen Tag noch, Sir.«

Sachi erwartete ihn, als sich die Fahrstuhltüren in der Suite öffneten. Sie sah aus, als wäre sie aus dem Schlaf gerissen worden. Sie trug einen Bademantel, der ihr eine Nummer zu groß war, und ihr Haar war eilig mit einem Stirnband gebändigt worden. An den Füßen trug sie pinke Strickhausschuhe.

»Ich habe gehört, Sie haben Katsuya gefunden«, sagte sie und gähnte. Sie schlurfte ins Wohnzimmer und David folgte ihr. »Gibt es … einen weiteren Notfall?«

»Gewissermaßen«, erwiderte David. »Er arbeitet nicht mehr für das NYPD.«

Sie zuckte mit den Schultern, ging ans Haustelefon und bestellte sich Frühstück aufs Zimmer.

Er wartete, zog seine Jacke aus und setzte sich. Als sie sein Schulterholster und die Waffe erblickte, strahlten ihre Augen.

»Können Sie mir sagen, was passiert ist?«, fragte er.

»Wenn ich raten müsste«, sagte sie, setzte sich ihm gegenüber aufs Sofa und zog ihre Füße unter sich, »würde ich sagen, dass sein Großvater ihn gezwungen hat, zu kündigen, und ihn mit nach Hause genommen hat.«

»Weil er keine Beziehung mit Ihnen eingehen wi?«

Erneut zuckte sie mit den Schultern und schüttelte den Kopf. »Ich denke, dass mehr dahintersteckt. Wir haben beide klargemacht, dass wir zu jung zum Heiraten sind, und das hat für keine allzu große Aufregung gesorgt. Ich denke, es hat mehr damit zu tun, dass Katsuya sich ein Leben und eine Karriere hier in New York wünscht.«

»Und warum genau ist das so schrecklich?«

»Es ist schrecklich, weil er nun mal der Augenstern seines Großvaters ist, aber in einer Kultur erwachsen geworden ist, die so ganz anders ist als seine eigene. Eines Tages wird von Katsuya erwartet, dass er die Geschäfte seiner Familie übernimmt. Seine Tätigkeit beim NYPD wird als vulgär und als Verschwendung seiner teuren Ausbildung angesehen. Ich persönlich finde ja aufregend, was er tut, aber für einen altmodischen Mann wie seinen Großvater, der mit altem Geld aufgewachsen und in alten Traditionen verwurzelt ist ... Er ist der Meinung, dass das, was Sie tun, oder auch das, was Katsuya getan hat, Aufgaben für das niedere Fußvolk sind.«

David fluchte leise, stand auf und lief herum, um die Frustration abzubauen, die sich in ihm aufgestaut hatte. Die Suite war geräumig. Allein der Raum, in dem sie sich befanden, war mit seinen teuren Möbeln, Bildern und Kronleuchtern wahrscheinlich mehr wert, als er in seinem ganzen Leben verdienen würde. Das Wohnzimmer und das angrenzende Esszimmer waren größer als seine Wohnung. In diesem Moment spürte er deutlich die Kluft zwischen jemandem wie ihm und Katsuya, was Sachis Aussage nur noch unterstrich.

»Es tut mir leid«, sagte sie. »Er hat sie wirklich gern.«

»Da bin ich mir nicht so sicher«, entgegnete David und zog die Vorhänge auf, um ein wenig natürliches Licht in den Raum zu lassen. Er blickte hinunter auf die Stadt. In seiner Brust breitete sich ein starkes Gefühl von absoluter Verzweiflung und Hoffnungslosigkeit aus.

»Er hat mir erzählt, dass er nach den ersten paar Wochen auf dem Revier fast gekündigt hätte«, erklärte sie. »Die Initiationsriten, denen die Polizisten ihn unterzogen haben, waren so grausam, dass er darüber nachgedacht hat, alles hinzuschmeißen. Eine Zeit lang waren Sie sein einziger Freund, obwohl er auch Ihnen gegenüber distanziert war.«

»Es wird immer Arschlöcher geben, die sich nur gut fühlen können, wenn es jemand anders schlecht geht«, erwiderte David und setzte sich wieder auf das Sofa. »Katsuya war ein leichtes Ziel, weil er kein Cop, aber trotzdem Teil der Polizeikultur war. Für einige Cops ist ihre Subkultur absolut heilig und er war ein Fremder, den sie plötzlich in ihren Reihen dulden mussten.«

»Diese Schikanen sind also eine Art, die Loyalität zu testen?«

»Klingt verrückt, oder?«, erwiderte David. »Ich schätze, es geht darum, herauszufinden, an wen sich derjenige wenden würde, wenn er die Vorfälle zur Anzeige bringen wollen würde, oder ob er sich dafür entscheidet, sich alleine durchzubeißen. Es ist eine lächerliche Machokultur, an der einige Cops immer noch festhalten.«

Sachi nickte nachdenklich.

»Und so großartig habe ich mich nun auch nicht verhalten«, gestand David. »Ein paar Tage lang habe ich nichts unternommen. Erst als der Hauptdrahtzieher handgreiflich geworden ist, habe ich eingegriffen.«

»Sie haben ihn im entscheidenden Moment gerettet«, sagte Sachi. »Er meinte, dass er den Gedanken verworfen hat zu kündigen … weil Sie diesen Mann ordentlich verprügelt haben.«

David konnte ein Lachen nicht unterdrücken. »Wenn ich das geahnt hätte, hätte ich Lane am ersten Tag eine verpasst.«

Sie lächelte. »Er hat seinen Job geliebt. Selbst wenn Sie ihn nie wiedersehen, vergessen Sie nicht, dass Sie ihm einen Grund gegeben haben zu bleiben.«

»Ja«, antwortete er. So nett Sachis Worte auch gemeint waren, sie machten den Schmerz in seiner Brust nur schlimmer.

***

Es war seltsam, auf etwas zu hoffen, dass er längst aufgegeben hatte.

Seit Katsuyas Geburtstag waren erst zwei Wochen vergangen, als er plötzlich aus seinem Leben gerissen und nach Japan zurückverfrachtet worden war.

In den Tagen und Wochen, die folgten, ging David immer wieder an Katsuyas altem Büro vorbei, nur um zu sehen, ob sein

Namensschild wieder in der Halterung neben der Tür angebracht worden war. Oder vielleicht würde er ihm im Büro oder im Flur begegnen. In der ersten Oktoberwoche, als die Halloween-dekorationen aufgehängt wurden und überall in leer stehenden Läden Kostüm-Pop-up-Stores aufmachten, gab es David auf, extra das ganze Stockwerk zu durchqueren, um nachzusehen. Er konnte nicht behaupten, dass er die Hoffnung völlig aufgegeben hatte. Er wusste nur, dass er aufhören musste, an Katsuya zu denken.

Es war zwei Tage nach Halloween, die gruseligen Dekorationen waren bereits den Weihnachtssachen gewichen. Montoya rief ihn an, als er gerade das Büro verlassen wollte. »Kannst du mir einen Gefallen tun? Ein Freund von mir muss vom JFK abgeholt werden. Er wohnt im Intercontinental.«

»Wenn dein Freund sich ein Zimmer im Intercontinental leisten kann, kann er sich auch eine schicke Limo mit Chauffeur am Flughafen mieten.«

»Dave, jetzt sei kein Arschloch. Es ist kein Freund, okay? Ich dachte, du würdest mir den Gefallen tun, wenn ich das sage. Es geht um den Nachfolger von Schultz. Sollte eine nette Geste sein.«

»Ich hab nicht Karriere gemacht, damit ich mich jetzt in meiner Freizeit rumscheuchen lasse«, erwiderte David sichtlich genervt. »Sag doch einem der Streifenbeamten, dass er ihn abholen soll.«

»Dave … kannst du bitte einfach hinfahren?«, unterbrach ihn Montoya mit erhobener Stimme. »Habe ich dich je um einen Gefallen gebeten?«

»Na klar!«, antwortete David und ging über den Parkplatz. »Du fragst mich dauernd, ob ich dir bei irgendwas helfen kann.«

»Das ist das letzte Mal.«

»Warum ist es so wichtig, dass ich das mache?«

»Weil ich eine Aufgabe, die mir übertragen wurde, nicht einfach an einen Streifenbeamten übergeben kann. Der Befehl kommt direkt vom Commissioner. Er ist echt wichtig. Beeil dich. Sein Flieger ist früher gelandet und steht schon auf dem Rollfeld.«

»Du weißt schon, dass ich über eine Stunde brauche, bis ich da bin, oder? Es ist Rushhour!«, protestierte David, während er die Autotür aufschloss. »Der Neue wäre besser dran, wenn er die Öffentlichen nehmen würde.«

»Er wird warten«, versicherte Montoya. »Ich hab ihm gesagt, er soll in der Fressmeile bleiben. Er trägt einen langen hellbraunen Mantel und einen karierten Schal. Von Burberry. Das Zeug, das wir uns nicht leisten können.«

»Hat der reiche Junge auch einen Namen?«

»Ich schick dir die Infos. Weißt du was?«, sagte Montoya. »Zum Dank übernehme ich morgen deine Schicht.«

»Du hast sowieso morgen Dienst.«

»Ja, aber ich nehme deine Anrufe entgegen. Ich mache quasi eine Doppelschicht.«

»So funktionieren Doppelschichten aber nicht.« David seufzte und stieg ins Auto. »Okay … ich hol deinen Jungen ab. Aber du schuldest mir einen richtigen freien Tag. Deinen nächsten Überstundenabbau kannst du vergessen.«

»Sei kein Arschloch, Dave. Wir hören uns später«, erwiderte Montoya und legte auf.

Er stieß eine Reihe von Flüchen aus, während er den Motor startete. Die letzten Monate waren hart gewesen. Schon wieder einen neuen Ersatz für Katsuya abholen zu müssen machte seine ohnehin schon schlechte Laune nur schlimmer. Wieder schoss ihm die letzte Erinnerung, die er an ihn hatte, durch den Kopf: sein Lächeln und sein Winken bevor er sich abgewendet hatte.

Er hatte mit dem Gedanken gespielt, nach Japan zu fliegen und Katsuya irgendwie über die Register ausfindig zu machen, in denen seine ausländische Adresse verzeichnet war. Auch jetzt dachte er die gesamte einstündige Fahrt lang darüber nach.

Als er das Auto parkte, hatte Montoya ihm immer noch keine Informationen über den Mann geschickt, den er abholen sollte. Nachdem er auf zwei Nachrichten nicht geantwortet hatte und auch nicht ans Telefon ging, fluchte David erneut. Er versuchte, seinen Frust im Auto abzubauen, damit er ein höfliches Lächeln aufsetzen konnte, wenn er den mysteriösen »wichtigen« Mann traf.

Er war immer noch aufgebracht, als er sich der Fressmeile näherte. Sie war halb gefüllt mit Reisenden, die sich vor ihrem Nachtflug noch ein Abendessen gönnten. Er ging zwischen den Tischgruppen hindurch und suchte rechts und links nach dem verräterischen hellbraunen Mantel und dem karierten Schal. Er hielt inne, als er seine Zielperson in einer Ecknische entdeckte. Auf dem Tisch vor ihm stand eine Flasche Wasser und daneben lag eine kleine Tüte Chips. Er las das *Time Magazine*, während er an einem Chip knabberte. Ein schwarzer Koffer stand neben ihm.

Wie sich herausstellte, kannte er den Namen der Person, die er abholen sollte, bereits.

Kapitel 7

»Hi«, sagte er, schlug das Magazin zu und wischte sich die Hände an einer Serviette ab. Er lächelte David an, der ihn nur fassungslos anstarrte. »Mike hat mir erzählt, dass du nicht allzu erfreut über diese Aufgabe bist. Bringst du mich trotzdem ins Hotel?«

»Und wenn ich dich auf meinem Rücken hintragen müsste«, erwiderte David und zog ihn auf die Füße und in eine feste Umarmung. »Heilige Scheiße! Ich hätte nicht gedacht, dass ich dich je wiedersehen würde.«

»Ich auch nicht.« Katsuya schlang seine Arme um David.

Nach ein oder zwei Minuten entließ er ihn aus seiner kräftigen Umarmung und trat einen Schritt zurück. »Ich weiß, Montoya hatte die niedliche Idee, mich gegen meinen Willen herzuschicken, um dich abzuholen«, sagte er. »Aber ich werde ihn trotzdem zwingen, an seinem nächsten freien Tag zu arbeiten.«

»Können wir jetzt dieses Abendessen nachholen, das ich dir noch schulde?«, fragte Katsuya und stopfte die Serviette in die halb leere Chipstüte. »Ich könnte was Besseres vertragen als das hier. Ich sterbe vor Hunger.«

»Wonach auch immer dir ist.«

Sie entschieden sich für ein chinesisches Restaurant anderthalb Kilometer vom Flughafen entfernt. Der Laden war lange geöffnet, sodass sie abwarten konnten, bis sich der Verkehr beruhigt hatte. David wäre wahrscheinlich einfach daran vorbeigegangen. Er stand vor der Tür und zögerte hineinzugehen. Katsuya hakte sich bei ihm unter und zog ihn mit sich. Der Laden war klein – fünf runde Tische, an denen die Stühle nicht alle zusammenpassten. Alles war eher funktional als optisch ansprechend. Drei davon waren besetzt. Sie setzten sich an einen der beiden freien Tische, doch David konnte nicht aufhören, auf das gefaltete Papier zu starren, das unter eins der Tischbeine geklemmt war, damit er nicht kippelte. An den Wänden hingen wahllos Bilder von asiatischen Schauspielern und Schauspielerinnen, die aus irgendwelchen einige Jahre alten Kalendern stammten. Dazwischen schlängelten sich Lichterketten.

David wunderte sich laut, ob sie zur Weihnachtsdeko gehörten oder einfach das ganze Jahr über dort hingen. »Als ich auf der Uni war, haben wir mit vier Leuten in einem winzigen Apartment gelebt, das nur manchmal fließendes Wasser hatte. Unsere Möbel stammten vom Sperrmüll. Und trotzdem war es immer noch schicker als das hier.«

»Ich habe mir den Laden auf meinem Handy angesehen, während ich auf dich gewartet habe. Die Deko ist vielleicht etwas gewöhnungsbedürftig, aber das Essen soll fantastisch sein.«

»Wenn ich mir eine Lebensmittelvergiftung hole, schuldest du mir noch zehn Essen.«

»Ich verspreche, dass du nicht krank werden wirst«, sagte Katsuya und winkte einem der Kellner in einem blauen T-Shirt mit dem Namen des Restaurants darauf. David ließ ihn für sie beide bestellen. Nachdem die Bestellung aufgenommen war und man ihnen die laminierten Speisekarten abgenommen hatte, stellte ein anderer Kellner eine Metallkanne, aus der die Schilder von Teebeuteln heraushingen, und zwei Porzellantassen vor sie und ging.

»Erst hat Dr. Schultz dich ersetzt und jetzt ersetzt du sie, habe ich das richtig verstanden?«, fragte David.

»So ungefähr.« Katsuya schenkte ihnen Tee ein. »Eigentlich war ich nur auf unbestimmte Zeit beurlaubt. Genau genommen habe ich nie gekündigt.«

»Du hast mir eine Menge zu erzählen.«

»Großvater und ich lagen schon seit Monaten im Clinch. Er hat mich gezwungen, nach Hause zu kommen«, erklärte er. »Als ich dort war, hat er mich in meinem Zimmer eingesperrt. Man hat mir meinen Pass, mein Handy und meinen Laptop abgenommen. Ich habe einen Aufstand gemacht – auf den ich nicht gerade stolz bin, aber ich rede mir ein, dass er strategisch wichtig war. Ich habe so lange weitergemacht, bis Großvater nachgegeben hat, aber es gibt einige Bedingungen.«

»Das kann ich mir gar nicht vorstellen«, sagte David. »Du hast einen Aufstand gemacht?«

Katsuya lächelte. »Nicht, was du denkst. Ich habe mich nicht auf dem Boden gewälzt und geschrien. Das hätte bei einem Erwachsenen doch ein bisschen seltsam ausgesehen. Ich habe mich schlicht und ergreifend geweigert, irgendjemanden zu sehen oder mit jemandem zu reden. Ich habe sogar tagelang nichts mehr gegessen.«

»Wenn man wie ein Gefangener gehalten wird …«

»Benimmt man sich wie ein Gefangener.« Er nickte mit einem Lachen. »Großvater weiß nicht, wie er mit mir umgehen soll, wenn ich mich wie ein Kind benehme, um ehrlich zu sein. Er liebt mich, aber manchmal weiß er einfach nicht, wie er mich lieben soll. Mein Cousin ist ein wichtiger Verbündeter. Ihm ist es gelungen, Großvater davon zu überzeugen, mir zu gestatten, weiter für das NYPD zu arbeiten. Ich glaube, sie sind beide überrascht, wie viel mir der Job bedeutet. Ich bin in die Fußstapfen meines Vaters getreten und habe mich für die Psychiatrie entschieden, aber im Augenblick habe ich kein Interesse daran, eine eigene Praxis zu eröffnen. Mir gefällt die sehr viel größere Herausforderung, für die Polizei zu arbeiten. Ich habe Fälle, die ich wahrscheinlich nicht zu Gesicht bekommen würde, wenn ich eine Praxis hätte.«

»Aber er verachtet dieses seiner Meinung nach niedere Leben und die schlechte Bezahlung.«

»Ja, für sie ist das wichtig, aber das hat mich nie gekümmert«, erwiderte Katsuya.

Davids Lächeln wurde breiter. »Also, was musstest du tun, um freizukommen?«

Katsuya legte den Kopf schief und sein Blick fixierte sich auf Davids große Hände, die um seine Teetasse lagen. Aus keinem bestimmten Grund wollte er diese Hände berühren – nur um sich selbst zu versichern, dass er wirklich wieder zu Hause in New York war. Stattdessen nahm er seine Hände vom Tisch und legte sie in seinen Schoß, als müsste er sich selbst davon abhalten, versehentlich David zu berühren. »Großvater hat mir eine Wohnung in Chelsea gekauft. Ein verspätetes Geburtstagsgeschenk, hat er behauptet. Aber ich weiß, dass er sie gekauft hat, weil er fand, dass mein Apartment zu klein ist und nicht *seinem* Standard entspricht. Er meinte auch, dass es nicht sicher sei, so nah am Central Park zu wohnen.«

»Ja, die Verbrecherrate unter den Joggern und Hundebesitzern, die nach ihrer Runde durch den Park in umzäunte Wohnkomplexe einbrechen, die ihren eigenen Sicherheitsdienst haben, ist hoch.«

»Das denkt zumindest Großvater. Und das ist alles, was zählt«, sagte Katsuya. »Haruki, mein Cousin, hat ihn überzeugt, dass ich sicher bin. Ich arbeite mit Hunderten von Polizisten zusammen und verbringe die meiste Zeit mit bewaffneten Männern. Ich arbeite im sichersten Gebäude der Welt.«

David hätte fast angefangen, lauthals zu lachen. Er unterdrückte den Drang so weit, dass er ein einfaches Lächeln zustande brachte. »Stimmt«, bestätigte er.

»Haruki war es allerdings todernst damit«, fuhr Katsuya fort. »Ich habe ihm erzählt, wie du mich in dieser Nacht in der Bar gefunden hast … und was beinahe passiert wäre. Er ist der festen Überzeugung, dass mir nichts passieren kann, solange ich jemanden habe, der mir hinterherjagt, wenn ich mal etwas Dummes anstelle. Als ich noch jung war, war das immer seine Aufgabe.«

»Ich kann mir wirklich nicht vorstellen, dass du jemand bist, der anderen absichtlich das Leben schwermacht.«

»Ich mache mehr Ärger, als ich wert bin«, erklärte Katsuya und lehnte sich auf seinem Stuhl zurück. »Das hast du am eigenen Leib erfahren, als du mich aus dieser Bar holen musstest.«

»Das lag aber eher daran, dass dir die Konsequenzen nicht bewusst waren. Ich bezweifle, dass du in diese Bar marschiert wärst, wenn du geahnt hättest, dass du unter Drogen gesetzt und sexuell belästigt werden könntest.«

»Da bin ich mir nicht so sicher.« Er lächelte.

»Ärger macht mir nichts aus«, sagte David. »Und jeder Ärger, der mit dir zu tun hat, verdient meine volle Aufmerksamkeit.«

»Das wirst du bereuen.«

David grinste. Er winkte dem Kellner, der am Tresen lehnte und sich auf einem Flatscreen an der Wand – zwischen zwei Postern von asiatischen Schauspielerinnen, die Whiskeyflaschen gegen ihre üppigen Dekolletés drückten – ein Pokerturnier ansah, und bestellte sich ein Bier.

»Außer der grauenhaften Folter, in einer mehrere Millionen Dollar teuren Wohnung in Chelsea leben zu müssen, was hat er sonst noch verlangt?«

»Was meinst du?«

»Du hast von Bedingungen gesprochen, Plural«, erinnerte ihn David. »Wozu musstest du sonst noch Ja sagen, um auf Bewährung rauszukommen?«

Katsuya schwieg einen Moment, dann sagte er einfach nur: »Das spielt keine Rolle. Wichtig ist nur, dass ich jetzt hier bin.«

***

Der erste Kuss war zärtlich, kaum mehr als ein Flüstern auf seinen Lippen. Der nächste war intensiver. Ihre Lippen vereinigten sich, während Davids Zunge in seinen Mund glitt. Endlich gestattete er sich, nachzugeben und den leichten Geschmack von Kaffee auf Davids Zunge zu schmecken. Als sie sich voneinander lösten, war er zu ergriffen von dem Moment, um zu sprechen.

Das Gefühl der Kälte von Davids Fingern blieb auf Katsuyas Wangen zurück, als David sich zurückzog und sich aufrichtete. »Warte auf mich«, sagte er.

Immer noch sprachlos nickte Katsuya.

Seine Unterlippe fühlte sich warm an. Er berührte sie mit einer Fingerspitze.

Es war schon eine Weile her, dass er diese Art der Wärme gespürt hatte, eine solch intime Berührung von einer anderen Person. Er drehte sich mit seinem Stuhl herum, um das anhaltende Schneetreiben vor dem Fenster zu beobachten, und lächelte. Vielleicht waren die New Yorker Winter doch nicht so schlimm.

***

»Ich werde ganz langsam machen«, erklärte David. »Sag mir, falls … *wenn* es wehtut.«

Katsuya nickte nur. Nach dem Vorspiel, das angehalten hatte, bis sie beide kurz davor waren, die Beherrschung zu verlieren, war er schön feucht und ordentlich gedehnt. David drückte den geschwollenen Kopf seines Schwanzes gegen seinen Eingang und fuhr ein paar Mal darum herum, bevor er eindrang. Katsuya schlang seine Arme um David und seine Finger gruben sich in seinen Rücken, als der Schaft langsam, aber beständig weiter vordrang. Nach so langer Zeit war es schmerzhaft, so geweitet zu werden, aber gleichzeitig fühlte es sich auch fantastisch an, jemanden so tief in seinem Inneren zu spüren. Er hatte vergessen, wie gut es sich anfühlte, wenn jemand körperlich Besitz von ihm ergriff.

»Alles okay?«, flüsterte David in sein Ohr.

»Ja«, erwiderte Katsuya. »Nicht bewegen. Ich will dich einfach in mir spüren.«

David hob ihn auf und setzte ihn auf seinen Schoß, während er immer noch in ihm steckte. Die Bewegung ließ Katsuya nach

Luft schnappen, als er durch die veränderte Position auch noch den letzten Zentimeter in ihn eindrang.

»Beweg dich, wenn du so weit bist«, sagte David und küsste seinen Hals.

Katsuya fuhr sanft mit seinen Fingernägeln über Davids schweißnassen Rücken. Er musste lächeln, als er spürte, wie sich die Muskeln unter der sanften Berührung anspannten. Er legte den Kopf auf Davids Schulter und blickte durch die halb geschlossenen Jalousien. Durch die Schlitze konnte er die Weihnachtsbeleuchtung an den Fenstern in der Ferne erkennen. Er beobachtete, wie die bunten Lichter blinkten und ihre Muster veränderten. Es linderte den Schmerz ein wenig.

»Alles okay?«, fragte David wieder. Seine Hände umschlossen Katsuyas Hintern, um ihn auf seinem Schoß festzuhalten. »Ich fände es sehr irritierend, wenn du einfach einschlafen würdest.«

Er lachte und lehnte sich zurück, um David zu küssen. »Ich habe nur durch die Jalousien die Weihnachtsbeleuchtung betrachtet.«

»Natürlich hast du das«, sagte David und legte ihn wieder auf den Rücken. Seine Knie drückten Katsuyas Oberschenkel auseinander und er begann, sich langsam in ihm zu bewegen.

Bei dieser sanften Bewegung bog Katsuya den Rücken durch und ergriff mit beiden Händen Davids Handgelenke, mit denen der sich rechts und links neben seinem Kopf abstützte.

»Tut es weh?«

»Ja und nein«, antwortete Katsuya. »Aber du musst mich das nicht mehr fragen. Du wirst schon merken, wenn du mir wehtust.«

»Ist das deine Art zu sagen: ›Mach's mir richtig‹?«

Katsuya konnte ein Lachen nicht unterdrücken. »Bring mich beim Sex nicht zum Lachen. Das ist … nicht gerade sexy.«

»Ich wäre nur beleidigt, wenn du lachen würdest, wenn ich mich ausziehe.« David beugte sich vor, um ihn zu küssen. »Das ist so viel besser als chinesisches Essen vom Lieferservice und bei einem der in Dauerschleife laufenden Weihnachtsfilme einzuschlafen, nur um dann von einem Anruf geweckt zu werden und zu einem Tatort zu müssen, weil jemand für das letzte Stück Kuchen einen Mord begangen hat.«

»Wir haben …«, begann Katsuya und warf einen Blick auf den digitalen Wecker auf dem Nachttisch, »vierzehn Stunden, bevor du losmusst, um dich um einen Kuchenmord zu kümmern.«

Davids Grinsen wurde breiter, während er sich aufsetzte. Wieder und wieder fuhren seine Hände über die Innenseiten von Katsuyas gespreizten Oberschenkeln, bevor sie zu seinen Hüften wanderten und sie festhielten. »Ich hoffe, dass die Nachbarn unterwegs sind, um ihre Familien zu besuchen«, sagte er. Er zog sich langsam zurück und stieß dann wieder zu. Seine Bewegungen wurden schneller und mit jedem Stoß härter. Auf Davids Gesicht breitete sich ein diabolisches Grinsen aus, als sich Katsuyas Stöhnen in Schreie verwandelte. Der Schmerz durchfuhr sein Innerstes wieder und wieder. Es tat weh, aber irgendwie auch nicht. Es hatte etwas Köstliches und Betörendes, bei lebendigem Leib verschlungen zu werden. Je tiefer David in ihn vordrang und sein Inneres aufriss – desto mehr wollte er. Er hätte gebettelt und es gefordert, wenn er nur die Worte gefunden hätte. Es war eine absolut lustvolle Erfahrung, die ihm so noch nicht widerfahren war. Nicht mit Takahashi. Und nicht mit den wenigen Männern und Frauen, mit denen er während seiner Jahre in Amerika zusammen gewesen war.

Ihm stockte der Atem, als David sich auf einmal aus ihm zurückzog. Die plötzliche Leere, wo vorher sein Schwanz gewesen war, vereinte sich mit dem nachklingenden Schmerz. David rollte sich auf den Rücken und zog Katsuya auf sich. Obwohl er sich bereits wund und verletzt fühlte, glitt er begierig auf Davids Ständer – und der Schmerz kehrte zurück.

»Fühlt sich das gut an?«, fragte ihn David, während er seine Hand um seinen Schwanz legte und pumpte. Katsuya, der seine Sprache noch nicht wiedergefunden hatte, nickte nur.

Als Katsuya mit einem Handtuch um die Hüfte aus der Dusche trat, roch er Tomatensoße. Mit zaghaften Schritten verließ er das Badezimmer. Der Fernseher war an und zeigte ein Kaminfeuer, während im Hintergrund Weihnachtsmusik lief. David stand oben ohne und mit Flanell-Pyjamahosen am Herd und rührte in der Soße. Es war Viertel nach sechs am Morgen.

»Entschuldige«, sagte David. »Normalerweise wäre ich bei einem der Jungs aufgeschlagen oder nach Hause gefahren, um mir ein paar Reste zu gönnen. Ich habe überhaupt nichts Weihnachtliches im Kühlschrank.«

Katsuya zog sich einen gepolsterten Hocker zum Eingang der Küche und setzte sich vorsichtig. Von der Taille abwärts tat ihm alles weh. »Schon in Ordnung. Mein Besuch war ja auch nicht geplant.«

David kam herüber und küsste ihn, bevor er sich wieder dem Herd widmete. In einem anderen Topf waren die Spaghetti bereits abgeschüttet und mit Olivenöl beträufelt. Auf dem Schneidebrett lagen noch die Reste der Pilze, die David bereits in die Soße gegeben hatte.

»Willst du was trinken? Ich habe Bier und …«, sagte David und öffnete mit einer Hand die Kühlschranktür, während er mit der anderen weiter in der Soße rührte, »… Bier.«

»Ich brauche nichts«, erwiderte Katsuya. »Danke, dass du für mich kochst.«

»Ich wollte schon vor Monaten für dich kochen«, lächelte David. »Du wolltest ja nicht zu mir kommen. Aber ich versteh schon – du bist wahrscheinlich an teure Mahlzeiten in Sternerestaurants gewöhnt. Ein unterbezahlter Detective wie ich kann sich keine Trüffel leisten.«

»Du redest schon immer noch vom Essen, oder?«

»Sagen wir einfach, dass es so ist«, entgegnete David und stellte den Herd aus. Er probierte die Soße, nickte und stellte den Holzlöffel in eine Porzellantasse auf der Arbeitsplatte.

»Die Soße muss nur noch ein paar Minuten vor sich hin köcheln«, erklärte er und gab Katsuya einen weiteren Kuss auf den Mund. »Kannst du stehen?«

»Aber sicher.«

David nahm seine Hand und führte ihn ins Wohnzimmer. Er drehte den Ton des Fernsehers lauter. Während das Feuer im Kamin prasselte und flackerte, sang Frank Sinatra »Jingle Bells«. David warf die Fernbedienung wieder aufs Sofa, nahm Katsuya in seine Arme und tanzte langsam zu dem fröhlichen Lied.

»Ich wünschte, wir hätten diesen Moment schon vor einem Jahr gehabt«, sagte David. »Ich habe das Gefühl, als hätten wir ein ganzes Jahr verschwendet. Es tut mir leid, wenn das gerade irgendwie gruselig klang. Normalerweise werde ich nach dem Sex nicht so anhänglich. Versprochen.«

Katsuya lachte. »Der Junggesellenhengst des One Police Plaza? Ich weiß alles über deine Fans. Ich glaube nicht, dass du dich jemals nach dem Sex an jemanden klammerst.«

»Solange du mich aushältst«, erwiderte David. Seine Arme, die um Katsuyas Taille geschlungen waren, wanderten hinunter zu seinen Hüften. »Ich will niemand anderen. Können wir aus dem hier was Festes machen?«

Frank Sinatras Stimme wurde leiser und ging in Dean Martins »Let it Snow« über. Katsuya drehte den Kopf, um aus dem Fenster zu blicken. Selbst im Dämmerlicht des anbrechenden Tages konnte er noch den beständigen Schneefall erkennen. In diesem Moment spürte er Davids Körper und seine Wärme noch ein bisschen deutlicher. Er küsste ihn.

»Ja, können wir«, sagte er. »Frohe Weihnachten. Sag nicht, ich hätte dir nie was geschenkt.«

New York Minute

Heiligabend 2012
Downtown Manhattan
PRECINCT
NYPD
Komm schon! Es ist Weihnachten!
Nenn mich Scrooge.
Lass mich gehen!
Warum seid ihr nicht da draußen und fangt echte Verbrecher?
Konferenzraum
Konferenzraum
Ihr vergesst, dass ich mit meinen Steuern eure Gehälter bezahle!

Ich muss bemitleidenswert wirken.
Ich habe die Einladungen meiner Kollegen für die Feiertage ausgeschlagen ...
... und jetzt sitze ich hier und sehe mir an meinem freien Tag auf dem Revier grausame Fallakten an.
Ich bin nicht einsam, aber trotzdem bin ich nicht gern allein.
Der Klassiker.
Ich bin mir nicht mal sicher, ob ich ein Einsiedler, unsozial oder einfach ein bisschen verrückt bin.

Ich mag New York im Winter nicht.
Ich werde Stunden brauchen, um meinen Wagen zu finden.
Ich mag keinen Schnee.

SLAM
'Tschuldigung. Die sollten wirklich so ein Hydraulikding an der Tür installieren.
Ja und nein.
Hast du mal wieder den Captain verärgert?

Wir sind eh schon unterbesetzt ...
... aber der Commissioner hat für Heiligabend dreimal so viele Alkoholkontrollen angeordnet.
Ich wurde abgestellt, weil ich letzte Woche eine kleine verbale Auseinandersetzung mit einem Vorgesetzten hatte. Ist 'ne beschissene Aufgabe.
Aber dafür hab ich jetzt bis zum 26. keine Bereitschaft mehr. Das nenn ich frohe Weihnachten.
Dann solltest du zu Hause sein und die Zeit genießen.
Also zweiundzwanzig Stunden ...
... noch.
Ganze zweiundzwanzig Stunden.

Ich hab noch eine halbe Stunde Dienst. Hab einen Betrunkenen abgeliefert.
Hab ihn McKenzie aufs Auge gedrückt, um dem Papierkram zu entgehen.
Wenn ich wieder rausgehe, erwische ich vielleicht noch einen und dann war's das mit meinen zweiundzwanzig Stunden.
Du versteckst dich also hier, bis deine Schicht zu Ende ist.
Und natürlich bin ich hier, um dir eine Weile auf die Nerven zu gehen.
Die Uniform steht dir wirklich gut.
...

Sag nicht, ich hätte dir nie was geschenkt.
Frohe Weihnachten.
Machen dich Männer in Uniform an?
Uniformen sollen die Illusion von Macht und Ordnung erzeugen.
Ich schätze, einige Leute haben einen Fetisch für die Macht und den Status, die die Uniform mit sich bringt.
Das soll natürlich kein Geständnis sein.

Schon klar ...
Du brauchst dich gar nicht hinter deinen großen Worten zu verstecken.
So leicht kommst du mir nicht davon.
Hast du keine Pläne für heute Abend?
...

Was soll das heißen?
Das muss er nicht sein.
Ich bin kein Christ.
Heute ist ein ganz normaler Tag für mich.

Lass uns doch zusammen allein sein.
Du bist allein. Ich bin allein.
Ich habe strenge Regeln gegen Affären mit Kollegen.
Ähem ...

Ja, ja ... Wenn es nicht funktioniert ...
... wäre es beschissen, sich jeden Tag am Arbeits-platz zu be-gegnen, ich weiß.
Aber wir müssen ja kein Paar werden. Wir sind nur zwei Freunde, die nett zueinan-der sind.
Leg keine Bedingungen dafür fest, wie zwei Menschen sich verhalten sollten.
Du denkst zu viel über die Dinge nach. Das tötet die Spon-taneität.
Genau darum geht es doch.
Wenn man vor-ausplant ...
... kann man das schlimmste Szenario vorher-sehen.

Und außerdem verpasst du die Gelegenheit, unerwartete gute Seiten an deinen Mitmenschen zu entdecken ...

Deine Hände sind ganz kalt.
... wenn du sie immer nur wegstößt.

Warte auf mich.
Patam

Vielleicht mag ich New York im Winter doch ...
... und den Schnee auch.

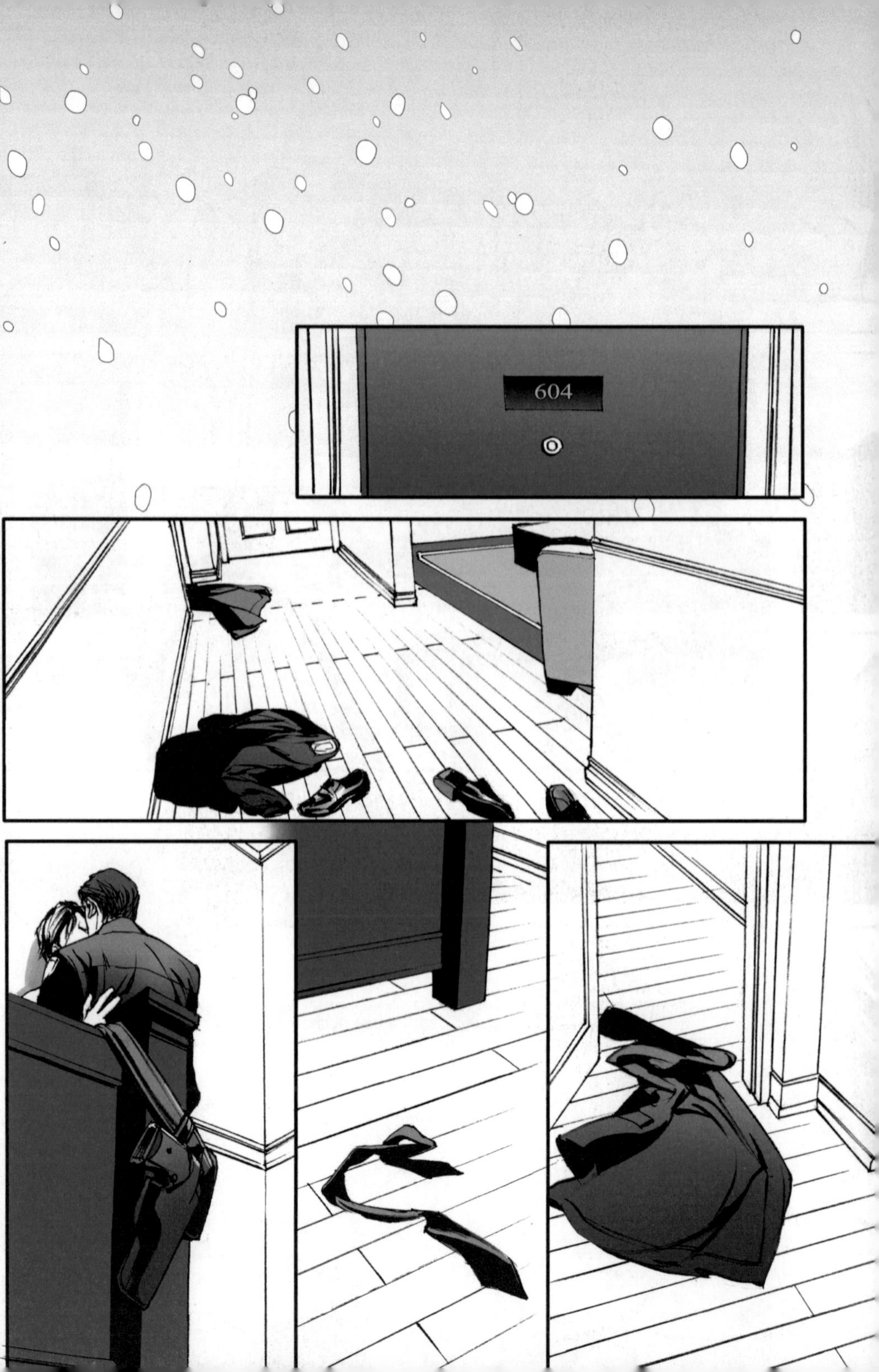
604

Warst du schon mal ...
... mit einem Mann zusammen?

Meinst du nicht, die Frage kommt ein bisschen spät?
Du weißt, was ich meine.
...
Ja. Aber das ist das erste Mal, dass ich es wirklich will.
Denk nicht drüber nach.

Nur dieser Augenblick zählt.
Mmh ...
Sag mir, was ich tun soll.
HAH
HAA

Ich will ...

……
3:07
3:07 AM

UHH …
Hab Bereitschaftsdienst. Fühl dich ganz wie zu Hause. Warte auf mich. Wir haben noch nicht alle Geschenke ausgetauscht.
David

Ich verlor mich des Nachts,
ohne Licht, unter deinen Augenlidern

Und als die Klarheit mich umfing

Wurde ich wiedergeboren, als Herr
meiner eigenen Finsternis

– Pablo Neruda

Ende

Wetterbericht

First, do no harm

Meine Verordnungen werde ich treffen zu Nutz und Frommen der Kranken, nach bestem Vermögen und Urteil. Ich werde sie bewahren vor Schaden und willkürlichem Unrecht.

– Eid des Hippokrates, um 400 v. Chr.

Es geht ihm wirklich gut.
Der Sanitäter meinte, er muss nur mit ein paar Stichen genäht werden. Aber er war bei Bewusstsein.
Verstehe.
Brauchen Sie mich auf dem Revier?
...
Ich bin nicht sicher, aber ich glaube nicht.
Montoya ist bei ihm im Bellevue. Ich wollte nur anrufen und Ihnen Bescheid sagen.

Danke.
Das Meeting wird fortgesetzt, Doktor.

Einer meiner Kollegen wurde heute Morgen im Einsatz verletzt.
Ich würde ihn gern besuchen.
Dr. Asano ...
Natürlich. Wir verschieben das auf nächste Woche.
Sie verschwinden immer sofort nach den Meetings.
Machen Sie's gut, Mr Donahue.

Mike?
KCHA
Doc.
Ich weiß.
Deshalb bin ich hier.
Man hat mich über Detective Krause in-formiert.
Er hat sich vor ein paar Stunden selbst aus dem Krankenhaus entlassen.
Der Captain sagt, er gibt ihm ein paar Tage frei.
...

Er war immer noch nörgelig und auf irgendwelchen Medikamenten, als ich ihn nach Hause gefahren habe.
Ich schätze, der Einzige, den er nicht anschreien oder vermöbeln würde, sind Sie.
Kommt er wieder in Ordnung?
Die Schmerzen und die Schmerzmittel werden ihn für eine Weile unerträglich machen. Aber er wird's überleben.
Die Jungs wollen später vorbeikommen, um nach ihm zu sehen, aber es wäre mir lieber, wenn Sie heute Nacht und wenigstens morgen bei ihm bleiben könnten.

Danke, Doc.
Bitte kümmern Sie sich gut um ihn.
Nur um sicherzugehen, dass er seine Medikamente nimmt.
Natürlich.

DAVID
OXYCO
ACETAN

Bist du den ganzen Weg hierhergekommen, nur um an meiner Waffe rumzuspielen?
CLACK
Mike hat mich gebeten, nach dir zu sehen.
Guter Mann.
Dann komm her und kümmer dich um mich.
PAT
Wann hast du deine letzte Dosis genommen?
Ich nehm was, wenn ich Schmerzen habe.
Komm her und kümmer dich um mich.

Ich hab mich beim Rasieren schon tiefer geschnitten.
Kommst du wieder in Ordnung?
Es sieht dir nicht ähnlich, so unachtsam zu sein.
Nein, tut es nicht.
Aber wer ist schon bei einer 73-jährigen Großmutter auf der Hut?
Du wurdest von einer älteren Dame angegriffen?
Wahrschein-lich ist das der Grund, warum ich überlebt habe. Sie konnte nicht fest genug zu-stechen.

Der Captain hat gesagt, du willst sie nicht anzeigen.
Wozu sollte man eine Rentnerin ins Gefängnis werfen?
Ich habe ihr schlechte Nachrichten über ihre Enkel überbracht und sie hat es nicht gut aufgenommen.
Sie hat Gemüse geschnitten für diesen riesigen Topf Suppe.
Montoya und ich waren in der Küche, als wir ihr die Nachricht überbracht haben.
Ihre beiden Enkel waren seit ein paar Tagen verschwunden.
Sie dachte, wir wären gekommen, um ihr zu sagen, dass wir sie gefunden hätten und dass sie sie auf dem Revier abholen könnte oder so was.
Dann erklärte ich ihr, dass ich vom Morddezernat sei und dass wir sie erwürgt im Kofferraum eines gestohlenen Autos in der Bronx gefunden hätten.
Erst war sie ganz still.
Das einzige Geräusch war das Blubbern des kochenden Wassers im Topf.
Und dann, plötzlich, fing sie an zu zetern und zu weinen und schrie, dass ich lügen würde.
»Alle Cops lügen!«

Den Rest kennst du ja.
Es ist keine leichte Aufgabe, schlechte Nachrichten zu überbringen.
Und es ist genauso schwierig, diese Nachrichten hinnehmen zu müssen und absolut nichts dagegen unternehmen zu können.
Man gewöhnt sich dran.
Mir ist nur wichtig, dass ich das nicht mit nach Hause nehme.
Ich bin froh, dass es dir gut geht.

Oder sollte ich lieber Doktor sagen?
Und ich bin froh, dass du in den nächsten Tagen meine sexy Krankenschwester bist.
In deinem Zustand sollten wir das wirklich nicht tun.
Ich bin hier, um sicherzustellen, dass du deine Medikamente nimmst.
Du wurdest genäht.
Da wurde ich nicht verletzt.
Ich würde dir jetzt »Sexual Healing« vorsingen, wenn ich den Text könnte.

Ich denke, damit würdest du nur deine Nachbarn nerven.
Mir geht's gut.
Ich hab dich seit fast zwei Wochen nicht gesehen.
CREAK
»Erstens ...
... du sollst niemandem Schaden zufügen.«

Dein Eid sagt auch: »Heile.«
Ha ha!
Ich habe eine einmalige Gelegenheit ausgeschlagen, mit Donahue zu netzwerken, um bei dir zu sein.
Du hasst diesen Typen.
Ich bin mir sicher, wenn er dich sieht, steht bei dem noch was ganz anderes.
Ich muss ihn nicht mögen, um mich mit dem Oberstaatsanwalt gutstellen zu wollen.
Also, bleibst du über Nacht?

FLOMP
Und morgen Nacht auch?
Das kommt darauf an, ob ich dir »Schaden zufüge« ...
... oder dich »heile«.
CLICK
Mir ist beides recht.

Es ist immer das Gleiche im Herbst:
Die Fälle stapeln sich.
Wir hatten uns mehr daran
gewöhnt, als uns lieb war.

Ganze Tage vergingen, an denen wir uns nur flüchtig im Flur zulächelten oder sich unsere Hände wie zufällig berührten.

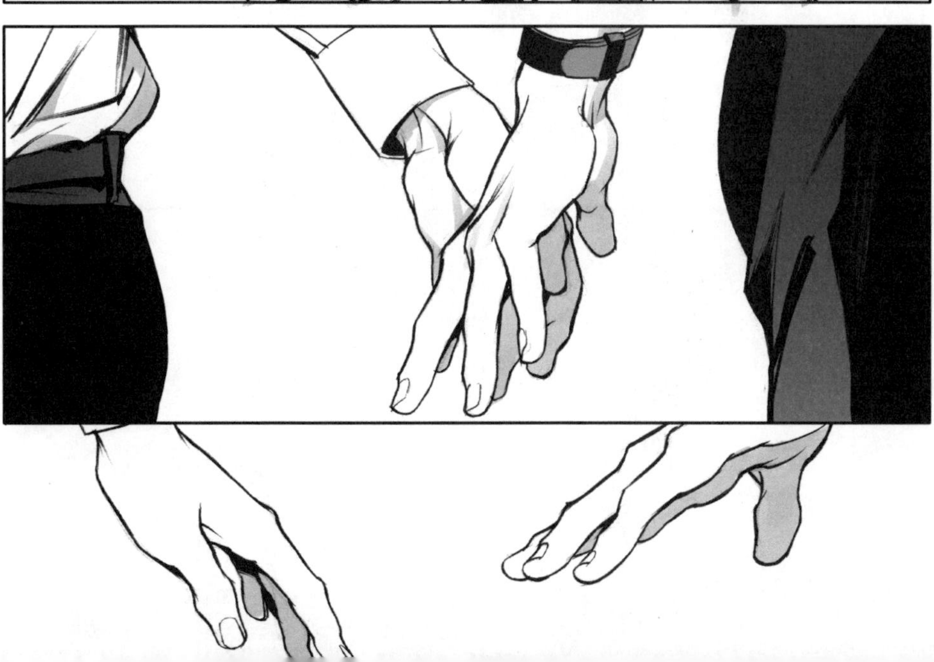

... ihn zu schmecken.
Ihn zu riechen ...
Schmerz ist bedeutungslos.
Haa!
THRUST
Tu dir nicht weh.
HAA
HAA

THRUST
Aaah ...
THRUST
HAA
Mmh ...
David ...
HAA
... lass uns aufhö-ren. Deine Nähte ...
HAA

HAH!
PUSH
Ich hab dich seit zwei Wochen nicht berührt.
Mir könnten die Eingeweide raushängen und ich würde dich immer noch ...
Okay.
HAA
HAA
Das ist nicht gerade sexy.
HAA

HAH
Aah ...
Ugh ...
HAA
STROKE
GRAB
HAH
Hast du mich auch vermisst?
Wenn dir der Schmerz nichts ausmacht ...

GRIND
Ugh!
HAA
HAA
... zeige ich dir, wie sehr!

Am nächsten Tag …
…
Was zur Hölle haben Sie sich dabei gedacht?
Stehen Sie so auf Schmerzen?

Spielen Sie nicht den Klugscheißer, David.
Vielleicht wollen Sie einfach nur **mir** Kopfschmerzen bereiten.
Mancher Schmerz ist notwendig.
Kommt auf die Art an.
...
Es tut mir leid, Dr. Powell.
Wahrscheinlich hat er das nur gemacht, damit er länger krankgeschrieben wird.
Ha ha ha ...
Au!
Entschuldigen Sie sich nicht für den hier.

Wollen Sie wirklich, dass ich dem Captain berichte ...
... dass Ihre Nähte aufgerissen sind, weil sie einen sehr leb-haften Traum hatten?
So bin ich – ich tu alles für einen freien Tag.
Sie wissen, wie schlecht ich Schmerz-mittel ver-trage.
Ich war in einen heftigen Faustkampf in einer Bar verwi-ckelt und habe natürlich ge-wonnen.
Ich hab mindestens dreißig Kerle ausgeschaltet, die alle größer waren als ich.
Hach ...
FLOMP

Oder Sie können in Ihren Bericht schreiben, dass ich einen stundenlangen Sexmarathon ...
... mit einem sehr fordernden und unersättlichen Partner hatte.
...!!
...
Also schön ...
Ich denke, der Captain wird eher die erste Geschichte glauben.

Ende

One of these nights

Es tut mir so leid.
Ich kann dir gar nicht sagen, wie schlecht ich mich fühle, weil unser Urlaub ins Wasser fällt.

Es ist nicht seine Schuld. Sei jetzt kein Arsch deswegen.
Die Arbeit hat eben Vorrang.
Wie geht's dir?
Ich wäre jetzt lieber bei dir.

Mir auch. Ich hatte schon Pläne mit dir.
Ach wirklich?
Natürlich wärst du das.
Es tut mir leid, dass wir deinen Geburtstag nicht feiern können.
Du überschätzt meine Großzügigkeit, David.
Ha ha ha …
Du weißt schon, Sachen, um die ich normalerweise nicht bitten kann. Aber an meinem besonderen Tag ist das was anderes.

Ich weiß, wie ich kriege, was ich will. Auch Betteln will gelernt sein.
Ich bin ein ausgebildeter Detective.
Wann kommst du zurück?
Das kann mir keiner sagen. Es ist eine Menge Politik im Spiel.
Das Opfer ist ein Cousin des amtierenden Gouverneurs.
Der Commissioner war gezwungen, einen ungelösten Fall neu aufzurollen, und das obwohl wir gerade mal einen Hauch einer möglichen Spur haben.
Verstehe. Und was hast du an deinem Geburtstag morgen vor?
Weiß nicht. Mir ein paar Nutten und einen Sixpack Bier besorgen.
Also ein ganz normaler Donnerstagabend.

Ich verspreche, ich denke an dich, wenn ich es ihnen besorge.
Zu freundlich.
Ich muss los. Ich ruf dich morgen an, okay?
...
Gute Nacht.

Tap Tap

Las Vegas, Nevada
KNOCK KNOCK
KNOCK KNOCK

KNOCK KNOCK
SWOOSH
...
CLICK
1:00

Es geht besser um irgendwas, das mir wichtiger ist als mein Schlaf.
Das hoffe ich doch.
Warte!!
Verdammte Tür!!
RATTLE
RATTLE

PLAM
Hi.

POFF

Das war's. Kein Poker mehr für mich. Mein gesamtes Monatsgehalt ist in einer Stunde draufgegangen.

Das hast du letzten Monat auch gesagt.
KCHAK
Nicht dass es wichtig wäre, aber ...
... warum ...?

Ich hab den letzten Flug vom JFK aus genommen.
Dein Urlaub ist zwar gestrichen worden, aber meiner nicht.
Alles Gute zum Geburtstag!
KISS

GRAB
AH!
FLOMP

Mmh
...
GRAB

Du solltest vielleicht die Prostituierten abbestellen.
Ich werde nervös, wenn ich mit zu vielen nackten Menschen im Bett bin.
Solange du für zwei arbeitest.
SLIP
FLAP

Hast du nicht gera-de noch ge-schlafen?
HA
Du bist ein bisschen zu energisch für diese Uhrzeit.
FLAP
Ich will jetzt mein Geschenk.
Mmh ...
HA
HA

LICK
HAA
HAA
HAA
David ... nicht so ... schnell ...
Das Geburtstags-kind darf sein Geschenk aufmachen, wie es will.
GRAB

HAA
HAA
Du und deine perversen Ideen.
Shudder
!
Aber ich bin froh, dass wir ein paar Tage Zeit haben, um diese Optionen durch-zuspielen.
Das hier? Ich hab noch nicht mal an-gefangen.

HAA
Du weißt schon, dass ich einfach den nächsten Flug zurück nach New York nehmen kann, wenn du etwas zu Seltsames versuchen solltest?
Seltsam ist nur ein anderes Wort für »Du hast es noch nicht versucht«.
HAA
SQUEEENE
Haaa ...
RUB
RUB
Haaa ...

HAA
David ... lass los ...
HAA
SLAP
GRIP
THRUST
!

RUB
RUB
HAA
Shudder
Ah!
Ahh!
!

Du musst dich nicht zurückhalten.
Was sollen die machen? Die Polizei rufen?
HAA
David ... bitte ...
HAA
Mmmh ...

HAA
THRUST
Ughhh ...
HAA
GRIND
GRIND
Ahhh ...
Shudder
GASP
David ...
Mh ...
Ahh ...
SLICK
RUB
THRUST

Haaa ...
Haaa ...
RUB
PUSH
PRESS
Danke für dieses wundervolle Geschenk.
KISS
HAA

THRUST
PUSH
HAA
Happy Birthday, David.

Am nächsten Tag …
Der Dow Jones erreicht ein neues Tief …
KNEAD
Jetzt ernst-haft.
Was hat-test du mit mir vor?

Ich bin ein einfacher Mann mit einfachen Bedürfnissen.
Du bist in Vegas. Das hättest du in Downtown auch für zwanzig Dollar bekommen können.
KNOCK KNOCK
Ich bekomme mein »Happy End« lieber von einem Doktor mit Harvard-Diplom statt von jemandem, der wahrscheinlich von Menschenhändlern ins Land geschmuggelt wurde.

KNOCK KNOCK
Detective Krause? Wir sind's.
Soll ich an die Tür gehen?
Nein. Das sind nur die Jungs vom Revier.
Wahrscheinlich wollen sie nur mit mir ausgehen, um ein paar Drinks zu nehmen und sich die Stripperinnen anzusehen. Wenn sie dich finden, wollen sie dich nur mitschleifen.

Kiss
KNOCK KNOCK
Das hört sich toll an.
Männer, die bei sexueller Ausbeutung und Alkohol ihre Freundschaft vertiefen.
Hey! Der Lieutenant sagt, Sie haben heute frei, weil sie Geburtstag haben.
Wir wollen Sie in die schicken Klubs ausführen, in denen die Cops eine Sonderbehandlung bekommen - wenn Sie wissen, was ich meine.

Schon klar.
Danke für das Angebot, Jungs.
Pfft!
Aber ich bleibe lieber hier.
Für einen rostigen alten Mann wie mich ist es nicht leicht, ein Jahr älter zu werden.
Sind Sie sicher? Ich meine ...
Schht!

Morgen läuft ein *Golden Girls*-Marathon.
Wenn ihr Jungs mir wirklich einen Gefallen tun wollt, fragt den Lieutenant, ob ich noch einen Tag freikriege!
Hat er *Golden Girls* gesagt?
New Yorker Cops sind wirklich seltsam.
Ja, okay ... Rufen Sie an, wenn Sie Ihre Meinung ändern.
Bitte nicht stören!

Armer Kerl. Das nennt man wohl Geburts-tagsblues.
Glaubst du, ich werde auch so, wenn ich so alt bin wie er?
Du bist verheiratet und hast Kinder.
Du bist jeden Tag so.
Mein Ge-burtstag ist noch nicht vorbei!
...

Postscript

»Lass uns Essen gehen. Wir hatten heute schon zweimal Zimmerservice«, sagte Katsuya und rubbelte sich das feuchte Haar mit einem Handtuch trocken. Ein zweites Handtuch war fest um seine Hüften gewickelt. Er setzte sich neben David auf die Bettkante. »Auf dem Strip gibt es bestimmt eine Menge erstklassige Restaurants.«

David war immer noch nackt und lag unter den zerknüllten Laken. Er zappte noch durch ein paar weitere Kanäle auf dem Flachbildfernseher, blieb dann bei einer Angelsendung hängen, schaltete den Ton aus und warf die Fernbedienung auf den Nachttisch. Mit einem Lächeln zog er Katsuya zu sich, bis dieser in seinen Armen lag, und drückte ihn an sich.

»Also«, begann David, »was wolltest du mir zum Geburtstag schenken?«

Katsuya streichelte über Davids Wange. »Abgesehen davon, dass du den ganzen Tag mit einem Harvard-Doktor machen konntest, was du wolltest?«

»Das ist der Geburtstagskuchen-Teil. Das wird einfach erwartet – obwohl ich gar keinen Kuchen bekommen habe«, erwiderte David und zog Katsuya noch enger an sich. »Wenn wir wie geplant unseren Urlaub gemacht hätten, was hättest du mir geschenkt?«

Als Antwort bekam er ein leises Lachen. »Dasselbe«, erklärte Katsuya, »aber in Paris, in einem schickeren Zimmer mit einer deutlich schöneren Aussicht.«

»Also nur Sex?«, hakte David nach. »Du wolltest mir nur Sex zum Geburtstag schenken?«

Katsuya stützte sich auf einen Ellbogen. Er beugte sich herunter und küsste David auf den Mund. »Wir hätten Stunden im Louvre verbracht. Ich hätte dir die Geschichte dieser unbezahlbaren Gemälde und Statuen erzählt …«

David rollte mit den Augen. »Dann habe ich doch lieber einfach nur Sex.«

Katsuya setzte sich auf und schlang ein Bein über Davids Hüften, um sich auf seinen Schoß zu setzen. »Ich war noch nie in Europa«, sagte er. »Ich kenne seine Schönheit und Geschichte nur aus Büchern. Ich hätte es gern selbst erkundet, mit dir zusammen.«

David lächelte zu ihm hinauf und seine Hände fuhren über Katsuyas Oberschenkel. »Wir fahren, sobald wir unseren Urlaub wieder aufeinander abstimmen können«, entgegnete er. »Es muss ja keinen bestimmten Anlass geben.«

Katsuya beugte sich vor und küsste David auf die Stirn.

Dann legte er sich auf ihn – Brust an Brust. Für eine Weile bewegte sich keiner der beiden oder sagte ein Wort.

»Ich liebe dich«, sagte David schließlich und legte seine Arme um Katsuyas Taille. Er schloss in fester in die Arme. »Ich kann mir ein Leben ohne dich nicht vorstellen.«

Katsuya antwortete nicht. Dann erhob er sich und nahm mit einem Lächeln Davids Gesicht in seine Hände. »Du machst mich sehr glücklich«, erwiderte er. »Aber gib mir noch ein bisschen Zeit, okay?«

David nickte. »So viel, wie du brauchst.«

Katsuya beugte sich vor und lehnte seine Stirn gegen Davids. Es war ein stiller, greifbarer Moment, in dem sie das Gefühl hatten, eins zu sein.

Als Katsuya sich wieder erhob, küsste er David flüchtig auf die Lippen.

»Zieh dich an. Lass uns in ein schönes Steakhaus gehen. Auch wenn du keinen Hunger hast, ich sterbe gleich. Du warst ganz schön grob zu mir. Also zahlst du das Abendessen.«

David lachte leise und tätschelte Katsuyas Hintern. Katsuya kletterte von ihm herunter und stand auf. Er ging zu seiner Tasche, die auf dem Sofa in der Ecke des Zimmers stand.

»Schon verstanden«, sagte David, als er aus dem Bett glitt. »Obwohl einer von uns heute schon ziemlich viel Protein hatte.«

Katsuya warf ihm einen missbilligenden Blick zu, während er in seiner Tasche kramte. David tapste auf den Kleiderschrank zu und begutachtete die Hemden und Hosen, die darin hingen.

»Hier«, sagte Katsuya, als er neben ihn trat. In einer Hand hielt er ein kleines Präsent – eine kleine schwarze Samtschatulle, auf der das Hermès-Logo prangte.

David nahm sie entgegen und klappte mit dem Daumen den Deckel auf. In der Schachtel lag ein Paar silberner Manschettenknöpfe.

»Ich weiß, du trägst normalerweise keinen Schmuck, aber …«, begann Katsuya und küsste ihn auf die Wange. »Herzlichen Glückwunsch. Sag nicht, ich hätte dir nie was geschenkt.«

Er ließ der vertrauten Zeile, die David vor fast einem Jahr zu ihm gesagt hatte, ein Zwinkern folgen und verschwand im Badezimmer.

Studio Notes

Freetalk
mit Kichiku Neko

Es gibt Figuren, bei denen ich mich schwertue, ihnen eine Stimme und Motivation zu verleihen, und dann gibt es Figuren wie David Krause, der mir absolut leicht von der Hand geht – und das, obwohl er nur aus einer Laune heraus entstanden ist. Ich habe nicht wirklich über seine Charaktereigenschaften oder ein Vorbild für ihn nachgedacht, bis mich jemand gefragt hat, wo er herkommt. Ein Freund, der professioneller Schriftsteller ist, hat mir mal den weisen Rat gegeben: »Schreib über Dinge, die du kennst.« Darauf habe ich geantwortet: »Das muss ich. Ich kann unmöglich über etwas schreiben, das ich nicht kenne.« Besagter Freund hat mir danach nie wieder einen Rat gegeben.

David ist jemand, den ich kenne. Er setzt sich aus verschiedenen Leuten zusammen, für die und mit denen ich gearbeitet habe. Die Art, wie er sich Katsuya gegenüber verhält, wie er sich bewegt, was er sagt – das alles ist die Summe vieler Begegnungen aus meiner Vergangenheit.

Und während ich über die Hunderten von Cops, mit denen ich zusammengearbeitet hatte, nachdachte, um Inspirationen aus ihnen zu ziehen, erinnerte ich mich besonders an Sergeant Wilson. Ich war erst in meinem zweiten Jahr und noch ziemlich grün hinter den Ohren, als ich ihn kennenlernte. Er war ein Mentor, der gern über die Fälle, an denen er arbeitete, redete und Geschichten erzählte – ähnlich wie ein Vietnam-Veteran in eindrucksvollen Details von seinen Erinnerungen spricht. Am besten konnte ich mich daran erinnern, wie er von seinem ersten Selbstmordfall erzählt hat. Es berührte mich wie eine Kriegsgeschichte, obwohl die Erfahrung nur indirekt war.

Er hat mir die Geschichte an einem Wintertag erzählt, während wir in unserem Streifenwagen an einer Kreuzung standen. Wilson war damals noch ein grüner Streifenpolizist Anfang zwanzig gewesen, doch aufgrund von Personalmangel war er der zweitranghöchste Beamte. Als also die Meldung über einen Selbstmord in einer Wohnanlage hereinkam, wurden er und der andere Cop hingeschickt.

»Die Frau des Kerls erzählte ihm, dass sie die Scheidung eingereicht hätte. Die Tochter und ihr Freund waren auch da – in der Küche. Er wurde ganz still und ging in den Keller. Keine Minute später hörten sie einen Schuss. Also sollte der Freund in den Keller gehen, um nachzusehen. Er war erst zur Hälfte die Treppe runter, als er wieder zurückkam und rief: ›Ruft die Cops. Sofort!‹

Zwei Stunden später war die Familie weg, die Leiche war abtransportiert worden und wir standen erst in der Küche, bevor wir nach unten gingen. Wir wollten versuchen, der Familie ein bisschen zu helfen. Normalerweise wenn in einer Mietwohnung ein Mord oder Selbstmord passiert, müssen die Bewohner sich um die Säuberung kümmern. Die Gerichtsmediziner sammeln auf, so viel sie können, aber sie können nicht alles in den Leichensack packen. Es war das erste Mal, dass wir zu einem Selbstmord gerufen worden waren, also meldeten wir uns freiwillig zum Aufräumen – einfach damit es für die Familie leichter sein würde, wenn sie zurückkam.

Der andere Cop und ich gingen also nach unten und unter der einzelnen Glühbirne konnte man nur diesen Schimmer erkennen, der sich auf dem Linoleum ausgebreitet hatte. Hier und da lagen Brocken auf den glänzenden Flächen. Als wir näher kamen, erkannten wir, dass es sich um Hirnmasse und Fleischbrocken handelte, die in Blutlachen lagen. Wir waren verwirrt und wussten nicht, was wir tun sollten. Also holte Mike einen Müllsack aus einer Kiste auf dem Regal. Wir entdeckten eine Schneeschippe, die aus einem Fass ragte. Und, ja, so haben wir dann aufgeräumt. Ich bin mir ziemlich sicher, dass man so was heutzutage nicht mehr machen könnte, ohne dass man dafür den Arsch versohlt kriegt.

Als wir fertig waren, bemerkte ich, dass der Keller kälter war, als er sein sollte. Ich sah auf und erblickte diese langen, schmalen Kellerfenster entlang der Wand. Ich entdeckte, dass eins der Fenster zerbrochen war. Auf dem Boden lagen Glasscherben. Das Fenster war also erst vor Kurzem zerbrochen. Ich ging nach oben, um rauszufinden, was die Scheibe zerbrochen hatte, und in der dünnen, halb geschmolzenen Schneeschicht fand ich ein Stück seines Schädels, an dem noch Haare und ein Fetzen Haut hingen. Als er sich die Schrotflinte in den Mund gesteckt hatte, hatte ein Schädelfragment sich in ein Projektil verwandelt und die Scheibe durchschlagen.«

Wilson schwieg für einen Augenblick. Er sah aus, als befände er sich wieder in diesem Moment damals, während er darüber nachdachte.

»Ich glaube, in diesem Moment habe ich erkannt, dass es Menschen gibt, die nicht gerettet werden wollen. Manchmal können wir nicht jedem helfen. Man fühlt sich irgendwie hilflos, aber wenn man erst mal darüber hinweg ist …« Er lächelte, während er das sagte.

Natürlich ist Wilson nicht David und David ist nicht Wilson. Aber ich erkannte, dass es Wilsons Persönlichkeit und seine Geschichten waren, in denen David verwurzelt war, als wir darüber sprachen, warum David bei den Lesern so gut ankommt. Gutes Aussehen hat seine Grenzen. David hat diese Empathie, die viele Cops entwickeln, obwohl sie sie oft hinter Gleichgültigkeit und schwarzem Humor verstecken.

Das ist David – jemand, der selbstbewusst ist, weil er es für andere sein muss. Jemand, der sich für die Menschen, die ihm wichtig sind, aufopfert, weil er – mehr als jeder andere – versteht, wie schnell man eine solche Person verlieren kann.

Und, ja, Wilson ist sein richtiger Nachname. Aber wenn ein inzwischen pensionierter Polizist über diesen Freetalk über ihn in einem Buch wie diesem stolpern sollte, ist die Sache mit seinem echten Nachnamen das kleinste seiner Probleme. Andererseits war er auch der Typ, der mit der Kraft seines Spermas angegeben hat, nachdem er nach einer Vasektomie »versehentlich« Kind Nummer drei gezeugt hatte.

Charakterprofil
von TogaQ

Als ich das Skript zu *New York Minute* zum ersten Mal gelesen habe, musste ich sofort an Vincent Lynch* denken … na ja, oder zumindest jemanden mit dem Körperbau und der Ausstrahlung eines harten Kerls, der sich nichts gefallen lässt. David ist eine ziemliche Herausforderung, weil er einerseits Autorität ausstrahlen muss, andererseits aber auch eine Wärme, die man auf den ersten Blick erkennen kann.

Nach einer Convention in Seattle habe ich auf meinem Hotelzimmer angefangen, ihn zu entwerfen. Als Erstes kam das Haar. Es hat mich einige Tage gekostet, aber es war das erste Detail seines Äußeren, das ich festgelegt habe. Als ich dann wieder zu Hause war, ist ein paar Tage später der Rest entstanden.

* Figur aus der Novel *The Doll*, die nicht Teil des *In these words*-Universums ist.

altraverse

Deutsche Ausgabe / German Edition
Altraverse GmbH – Hamburg 2022
Aus dem Englischen von Katrin Aust

Sonett LVII von Pablo Neruda: Aus dem Spanischen von Sabine M. Schmid

NEW YORK MINUTE

First published in 2012 by GUILT|PLEASURE.

FIRST, DO NO HARM

First published in 2012 by GUILT|PLEASURE.

ONE OF THESE NIGHTS

First published in 2013 by GUILT|PLEASURE.

German translation rights arranged with GUILT|PLEASURE.

Redaktion: Sabine M. Schmid
Herstellung: Martina Stellbrink
Lettering: Vibrant Publishing Studio

Druck: CPI books GmbH, Leck
Printed in Germany

MIX
Papier
FSC FSC® C083411

ISBN 978-3-96358-184-7
2. Auflage 2022

www.altraverse.de